Richard Heinzel

Über Wolframs von Eschenbach Parzival

Richard Heinzel

Über Wolframs von Eschenbach Parzival

ISBN/EAN: 9783743393899

Hergestellt in Europa, USA, Kanada, Australien, Japan

Cover: Foto ©Thomas Meinert / pixelio.de

Manufactured and distributed by brebook publishing software
(www.brebook.com)

Richard Heinzel

Über Wolframs von Eschenbach Parzival

SITZUNGSBERICHTE

DER

KAIS. AKADEMIE DER WISSENSCHAFTEN IN WIEN

PHILOSOPHISCH-HISTORISCHE CLASSE.

BAND CXXX.

I.

ÜBER

WOLFRAMS VON ESCHENBACH

PARZIVAL.

VON

RICHARD HEINZEL,

WIRKL. MITGLIEDE DER KAIS. AKADEMIE DER WISSENSCHAFTEN.

WIEN, 1893.

IN COMMISSION BEI F. TEMPSKY

BUCHHÄNDLER DER KAIS. AKADEMIE DER WISSENSCHAFTEN.

Druck von Adolf Holzhausen,
k. und k. Hof- und Universitäts-Buchdrucker in Wien.

I. Wolfram.

Wolfram ist bekanntlich nicht karg mit Angaben über seine Quelle. Aber kann man ihm trauen? Im Willehalm 125, 20 schreibt er Crestien [1] einen Guillaume d'Orange zu und tadelt das Werk, als ob er es gelesen hätte. Dachte er an den Guillaume d'Angleterre? — Ueber den litterarischen Charakter des Parzival äussert er sich verschieden, II 115, 26. 116, 2 er sei kein *buoch*, II 115, 30 er fahre *âne der buoche stiure*, VI 337, 3 aber setzt er ihn doch als geschriebenes Buch in den Händen der Damen voraus; allerdings an einer Stelle, die in vielen Handschriften fehlt. Aber sie rührt gewiss von Wolfram her. Man hat sogar seine positive Angabe, er kenne keinen Buchstaben, II 115, 27, bezweifelt. Ich glaube mit Unrecht; s. Ulrich von Lichtenstein und Heinrich Rafolt. Aber schwer zu verstehen ist es allerdings, wie er, der arme Ritter, durch viele Jahre einen des Französischen kundigen Schreiber beschäftigen konnte, der ihn erst mit dem Inhalt der Quelle Stück für Stück bekannt machte und dann seine deutschen Verse aufzeichnete.

Ob wir Grund haben, die Mittheilungen, welche er uns über seine Quelle macht, für wahr zu halten oder nicht, wird sich, wie ich glaube, herausstellen, wenn wir bei der Untersuchung zunächst annehmen, er habe die Wahrheit gesagt.

---

[1] Wer alle Möglichkeiten in Betracht ziehen will, kann vermuthen, dass Wolfram den Conjunctiv gebraucht habe: *Cristjâns ein alten tymit im hat se Munleûn an gelegt*, statt des überlieferten *hât*, oder dass Cristjans, wie der Dichter hier ohne Beinamen genannt wird, der Name eines deutschen Dichters sei, der vor Wolfram einen Guillaume d'Orange bearbeitet habe.

Wolfram sagt also, dass er seinen Parzival nach dem französischen Werke eines provenzalischen Lyrikers Kiot gedichtet habe; Parzival VIII 416, 20. 25. 431, 2. IX 453, 5. 11. XIV 476, 10. XVI 776, 10. 805, 10. 827, 3. 5. 9. Diesen Kiot scheidet er ausdrücklich von Crestien, insofern Kiot des Letzteren Parceval getadelt haben soll, XVI 827, 1. Auf das unvollständige Werk Crestien's kann sich auch XV 734, 1 beziehen: *Vil liute hât verdrozzen, den diz mær was vor beslozzen : gnuoge kundenz nie ervarn* — nämlich *daz slôz dirre âventiure, wie der süeze und der gehiure Anfortas wart wol gesunt.*

Dass dieser Kiot ihm auch für den Titurel die Vorlage geliefert habe, sagt Wolfram nicht ausdrücklich. Aber es war gewiss seine Meinung, da der Titurel von Personen und Vorgängen handelt, die durch Andeutungen des Parzival bekannt sind, wenn sie der Dichter auch daselbst, als nur der Vorgeschichte des Helden angehörig, nicht ausführlich behandelt hat. XVI 805, 10 citiert er ausdrücklich Kiot als Gewährsmann für die Aufziehung der kleinen Kondwiramurs bei Schoysianen, eine Begebenheit, welche in die Zeit des Titurel fällt,[1] während im Parzival Kondwiramurs nur erwachsen auftritt, Buch IV. Und im Titurel 37 beruft er sich auf eine Episode des Stoffes, die er im Parzival Buch II behandelt hat: *Wie Gahmuret schiet von Belacânen und wie der werdecliche ervarp die swester Schoysiânen und wie er sich enbrach der Franzoysinne, des wil ich hie geswigen, und künden iu von magtuomlîcher minne.*

Mit diesen Angaben stimmt die Thatsache überein, dass wo Wolfram sich auf seine Quelle beruft, in den wenigsten Fällen bei Crestien etwas Entsprechendes steht: VIII 400, 1: *als mir diu âventiure sagete, ir rederspil dâ jagete den kranch, od swaz vor in dâ vlôch,* s. Crestien 7085 — IX 434, 11 *Nu tuot uns d'âventiure bekant, er* (Parzival) *habe erstrichen manec lant z'ors unt in schiffen ûf dem wâc; ez wære lantman oder mûc, der tjoste poinder geiu im maz, daz der deheiner nie gesaz,* s. Crestien 7591 ff. Perceval hat Gott vergessen, 7599 *Et pour çou ne laissa il mie A requerre chevalerie; et les estranges arentures, Les félenesses et les dures Aloit querant, et s'en trova Taut, que moult bien s'i esprova. N'onques n'euprist cose*

---

si grief Dont il ne venist à cief, — XI 562, 21 *ich sage iu als
ichz hân rernomen,* vom Kaufmann auf der Wunderburg, s.
Crestien 9012, — XIII 631, 22 *Gâwân saz nider zuo der maget*
(seiner Schwester Itonje), — *ich saye iu daz mir wart gesaget :
sîner rede er dâ begunde,* s. Cretien 10372. Und auch hier
sind die folgenden Einzelnheiten bei beiden Schriftstellern verschieden. Nicht auf Crestien aber können sich beziehen einmal
die Stellen, in denen Wolfram Kiot nennt VIII 416, 19 ff. *der was
geheizen Liddamus, Kîôt in selbe nennet sus* u. s. w., VIII 431, 2
ich sage iu als Kîôt las, IX 453, 1 ff. *swer mich dervon* (vom Gral)
*ê frâgte und darumbe mit mir bâgte, ob ichs im niht sagete,
unprîs der dran bejagete. mich batez helen Kîôt, wan im diu
âventiure gebôt, daz es immer man gedœhte, ê ez d'âventiure
brœhte mit worten an der mœre gruoz, daz man dervon doch
sprechen muoz,* XVI 776, 10 *ob Kŷôt die wârheit sprach,* XVI
805, 10 *op der Provenzâl die wârheit las,* XVI 827, 1 ff. *Ob von
Troys meister Cristjân disem mœre hât unreht getân, daz mac
wol zürnen Kŷôt, der uns diu rehten mœre enbôt,* XVI 827, 5
*endehaft giht der Provenzâl wie Herzeloyden kint den grâl
erwarp, als im daz gordent was,* — dann die allgemeinen Beziehungen auf die Quelle: I 12, 3 *als mir diu âventiure saget,*
in Bezug auf Amphlise, die Königin von Frankreich, — I 53, 26
ine hân mirz selbe niht erdâht, man sagete mir daz —, — I 58,
16 *als mir diu âventiure swuor,* III 158, 13 *als uns diu âventiure
giht,* IV 196, 29 *als ichz mœre hân vernomen,* IV 210, 18 *ob diu
âventiure saget alwâr,* V 236, 12 *diz mœre giht,* V 238, 8 *man
sagete mir, diz sage ouch ich ûf iuwer ieslîches eit,* VI 314, 20
sie (Kundrie) *sprach hin zim* (Artus) *en franzoys; ob ichz iu
tiuschen sagen sol, mir tuont ir mœre niht ze wol,* VII 349, 24
sus hât mir d'âventiure gesaget, VII 381, 29 *geziuge sint mir
gar versaget, wan als diu âventiure saget,* VIII 409, 2 *man saget
von ir diu mœre,* X 508, 27 *och sagt uns d'âventiur von ir,* XI
565, 6 *uns tuot diu âventiure kunt,* XII 583, 4 *nâch der âventiure urkünde,* XIII 638, 15 *dar zuo diu âventiure giht,* XV 734,
10 *uns tuot diu âventiure kunt,* — schliesslich jene Berufungen,
welche anscheinend auf die allgemeine Meinung und Kenntniss
gehen VIII 432, 12 *sus hân ichz vernomen,* X 508, 5 *der bürge
man noch hiute giht, daz gein ir sturmes hörte niht,* XII 621, 27
sus hôrt ich sagen, XIV 704, 2 *man giht ietwederre stœche den*

1*

andern durch des schildes rant, XVI 801, 5 *man sagte mir, si
kusten sich*, XVI 805, 3 *Condwirâmûrs begunde klagen ir ve-
teren tohter, hôrte ich sagen*, XVI 806, 23 *von Tenabroc ist mir
gesaget, stuont dâ Clârischanze, ein sileziu maget*, — Titurel 19, 4
sie (Schoysiane) *phlac sô vil triuwen, die man von ir noch
saget in den landen*, 45, 4 *sie* (Kanvoleiz) *wart in manger
zungen der triuwen houbetstat genennet*, wegen Herzeloyde und
Sigune. Die oben S. 3 angeführten Fälle XI 562, 21, XIII
631, 22, wo Crestien's Text zu der Berufung stimmt, zeigen,
dass der Dichter sich mit solchen Wendungen auch auf die
schriftliche Quelle beziehen konnte.

Die Annahme, dass Wolframs Mittheilung über eine von Crestien verschiedene französische Quelle für alle sechzehn Bücher des
Parzival und die zwei des Titurel richtig sei, hat durch das Vorhergehende an Wahrscheinlichkeit gewonnen und man kann versuchen von dieser seiner nächsten Quelle eine adäquate Vorstellung zu gewinnen. Dazu ist es nöthig, zunächst aus Wolframs Text
das auszuscheiden, was dem deutschen Dichter allein angehört.

Wolfram ist einmal selbständig durch absichtliche Aenderungen und Zusätze. Nur ihm gehört offenbar alles an, was
er über seine Person, seine Erlebnisse, seine Familie, seine
Freunde, über deutsche Zustände, deutsche Litteratur mittheilt.
Die Stellen sind in allen biographischen Darstellungen Wolframs
verwerthet; s. u. a. Pipers Ausgabe I 1 ff., über die litterarischen
Anspielungen Bartsch Germanistische Studien II 124 ff. Meist
lässt es sich beweisen, dass Wolfram deutsche Werke in Er-
innerung hatte, die Citate also seine Einschübe sind. Ich be-
nutze hiebei ausser Bartsch's Angaben einige Aufzeichnungen
und Verweisungen, welche ich Sievers verdanke. Am sichersten
sind natürlich die Anspielungen auf deutsche Heldensage,
Bartsch 128. Die Anspielungen auf die Aeneide gehen auf
Heinrichs Gedicht, da XII 589, 14 *der meister Jêometras* dem
wisen Geometras[1] daselbst 9522 entspricht, die aus dem

---

[1] *die* (die Lampen) *meisterde ein Krieke end der wîse Geometras*, d. i. ein
weiser Grieche, der Geometras hiess; s. Nibelungenlied 723, 1 (Lachmann) *Dâ heime si dô liezen Sifrides kindelin und sun der Kriemhilde*,
Schmeller, Untersuchungen über den Stil der Epen Rother, Nibelungenlied
und Gudrun, Kiel 1893, S. 15. — Auch der gelehrte Albrecht von Scharfenberg spricht Titurel 2009 von Algorismus und Abacus wie von Personen.

Erec auf Hartmann, weil Wolfram und Hartmann in den von Crestien's *Erroïc* (York) 2131 abweichenden Ortsnamen *Prurin*, Wolfram III 134, 12, *Euerin* Hartmann's Erec 2241. 2353 übereinstimmen, ebenso in dem Namen des bei Crestien ungenannten Zwerges *Maliclisier* für Hartmann's *Maledicur*, Erec 1077, wo Wolframs Lesart auf einem Lesefehler beruht, und weil Wolfram eine Reihe von Namen hat, die dem bei Hartmann selbständigen und unvollständig überlieferten Theil der grossen Namenliste 1629 ff. entsprechen, die auch in den Handschriften des Crestienschen Werkes, 1691 ff., verschiedene Ausdehnung hat. Bei Hartmann *Le* und *Gahillet*, *von Hochturasch Maneset*, s. bei Wolfram *Kaylet von Hoskurast, Marlirliet von Katelange*, s. bei Wolfram *Manpfiliot, Manfilot* Bruder Kiots *von Katelangen*, — *Equinot*, s. bei Wolfram *Ehkunaht*, — *Inpripalenot*, s. bei Wolfram *Plippalinôt*, der Fährmann, — *Ganatulander*, s. bei Wolfram *Schiánatulander* im Parzival, *Schiônatulander* im Titurel, — *Garel, Titurel*. Auch ein *Galopamur*, der an Wolframs Frauennamen *Kondwîrâmûrs* und den des Sir Perceval *Lufamour* erinnert, erscheint bei Hartmann und ein *Parcefal von Glois*. So können also auch die anderen der bei Wolfram, in der Aeneide Benoist's und Heinrich's, im Erec Crestien's und Hartmann's, vorkommenden Personen, Orte und Namen aus den deutschen Gedichten stammen: Eneas, Dido, Flegeton, Sibille, — *Ecuba, Anthenor* (Wolframs *Antanor*), *Prothesilax* (Wolframs *Prothizilas*), *der wilde Dodines, Ganedic* (Wolfram's *Kanadic*), *Iher Gaheries* (Wolframs *Îthêr von Gaheviez*, s. Willehalm 467, 3), *Galagaundris und Galoes und fil Dou Giloles* (Wolframs *Galogandres von Gippones*, s. Crestien's Erec 1738 *Galegantin li Galois*), *Lohût fil roi Artûs* (Wolframs *Ilinôt*, der Sohn Artus', s. Crestien's Erec 1732, *Loholz li fiz le roi Artus*), *Ŷwân von Lônel* (Wolframs *Îwân von Nônél*), *Bliobleherîn* (Wolframs *Plihophiheri*), *Segremors*, die Fee Morgane (in Crestien's Erec 1957. 4218), *Destregâles*, Erecs Land, Hartmann's Erec 1819 (Wolframs *Destrigleis*, in Crestien's Erec 3881 *d'Outregales, Destrigales*), *Brandigân*, Hartmann's Erec 8060, *Îdêrs fil Niut*, Hartmann's Erec 465, *Joie de la curt*, der schöne Garten, Hartmann's Erec 8002, *Karnant*, Erecs Hauptstadt, Hartmann's Erec 2882 (in Crestien's Erec 2315, neben *Nantes* 6553. 6562. 6584. 6865), *Lac*, Hartmann's Erec 1821, *Mabonagrîn*, Hartmann's Erec 9384, — *Gandeluz*, *Lônel* (Wolframs *Lûnel*),

Gomoret oder *Gameret* (Wolframs *Gahmuret*), *Genteflur*, Frauenname, Hartmann's Erec 7787 (Wolframs *Schenteflûr*, Name eines Mannes), *Grigoras*, Hartmann's Erec 2112 (Wolframs *Grigorz*), *Lays* (Wolframs *Lâiz*), *Libaut*, Hartmann's Erec 8506 (Wolframs *Lippaut*), *Tanebroc*, Hartmann's Erec 2241 (Wolframs *Tenabroc*), *Extorz*, Hartmann's Erec 1661 (Wolframs *Astor*, s. italienisch *Astorre*); — aber gewiss stammt nur ein Theil dieser Namen bei Wolfram aus dem deutschen Erec. Da er von Titurel, Schionatulander, Garel, Ilinot, Ither von Gaheviez, der Fee Morgane nicht nur die Namen, sondern auch die Geschicke kennt, über die im Erec nichts zu finden ist, so hat er sie wohl aus Kiot, oder, was Garel und Ilinot anbetrifft, die nicht in die Erzählung verflochten sind, aus anderen Quellen. Die Erwähnung Garels und Ilinots kommt ja auch in einer Betrachtung über die Liebe vor, XII 583. 12. 585, 30. — Dabei ist noch was die nur bei Wolfram und in Hartmann's Erec erscheinenden Namen betrifft zu berücksichtigen, dass die Namenliste in Hartmann's Erec nach dem Parzival erweitert sein kann.

In Bezug auf Eilhart's Tristan und Ulrich's Lanzelet ist es unsicher, ob Wolfram die deutschen Gedichte gekannt hat, da die französischen Originale fehlen. Er citiert aus Eilhart die Personen *Rivalin von Lohneis*, *Îsalde*, *Gymêle*, mit dem allerdings abweichenden Beinamen *von Monte Ribêle*, *Mörholt*, *Kurrenal*, und hat die Namen *Garschiloye*, *Kaheti*, *Kahenis*, *Tinas*, welche den Eilhartschen Formen *Gardiloye*, *Kaedin* (aber s. auch Crestien's Gralroman 6103 *Cahadins*), *Kehenis*, *Tinas* entsprechen. — In Ulrich's Lanzelet kommen der wilde *Dodines* 7098. 7316 u. s. w., *Fêmurgân* 7185, *Destregals*, als Land Erecs, 8076 vor, wie im Erec, — dann *Maurin* mit den schönen (Ulrich *den liehten*) Schenkeln 3052, — die Namen Galagandreiz, s. Erec, *Ritschart* 3131, *Iblis* 4913, *Kailet* 6032, s. Erec, der Ortsname *Thilê* 7991. 7994. 8004 (Wolframs *Thilêr*).

Ebenso bei den Anspielungen auf den Löwenritter, V 253, 10. IX 436, 5, — auf Cliges XII 586, 26. XIV 712, 6, — auf den Karrenritter VII 387, 1. XII 583, 8, — und auf die unbekannten Erzählungen von Gawan VI 301, 8, der aus Liebe zur Königin Inguse von Bahtarliez sich das Messer in die Hand gestochen, s. R. Köhler Germania XXVIII 11, Pseudo-Gautier 15909, Pleiers Tandarois und Flordibel 1064, Thidhrekssaga

c. 423, und von Lähelin besiegt wird, — von Garel XII 583, 12, der den Löwen aus dem Palast von Nantes warf und Gefahren bestand, als er das Messer aus der Säule zog, — von Ilinot, dem Sohne Artus' und seiner Liebe zu Florie von Kanadic VII 383, 4. XI 575, 28. XII 585, 29, — von Lämbekin von Brabant und dem guten Knappen, V 270, 20. — Die Anspielungen V 253, 10. IX 436, 5. XII 583 ff. stehen in Betrachtungen des Dichters, V 270, 20. VI 301, 8. VII 387, 1. XI 575. 28. XIV 716, 6 in Vergleichen, also an Stellen, wo Selbständigkeit Wolframs wahrscheinlich ist, schon weil die französischen Dichter des zwölften Jahrhunderts Abschweifungen nicht so sehr lieben als die deutschen des dreizehnten.

Theoretische und lyrische Excurse ferner sind die Einleitungen und Schlüsse des Werkes und einiger Bücher I 1, 1 ff., II 114, 5 ff., III 116, 5 ff., VI 337, 1 ff., VII 338, 1 ff., IX 433, 1 ff. mit der kurzen Wechselrede, die sonst von Wolfram nicht gebraucht wird: ‚Tuot úf!‘ wem? wer sit ir? ‚ich wil inz herze hin zuo dir‘ u. s. w. XII 583, 1 ff., XV 734, 1 ff., XVI 827, 1 ff. Darunter handelt XII 583, 1 ff. über Liebe, wobei es auffällt, dass Gawan's Liebeskummer mit den beschwerlichen Heldenthaten Lancelots, Garels, Gawans im Wunderbett, Erecs, Iweins verglichen wird, — also Gawans eben bestandenes Abenteuer in der Mitte, — ausserdem über diesen Gegenstand noch III 139, 5 ff., IV 201, 21 ff., VI 291, 1 ff., VII 365, 1 ff., X 532, 1 ff., XII 588, 1 ff., XV 766, 9 ff., Titurel 48 ff., 91 (94 Bartsch). — Von Untreue ist im Eingange des Gedichtes die Rede, dann VI 114, 5 ff., VIII 404, 13 ff., X 551, 25 ff., XIII 675, 16 ff., — von Frauen am Schlusse des zweiten und Anfang des dritten Buches, II 114, 5 ff., III 116, 5 ff. und am Schlusse des sechsten VI 337, 1 ff. — VI 296, 13 ff. bringt Keies Ehrenrettung, — X 516, 3 Orgelusens Entschuldigung, — VII 338, 8 ff. spricht der Dichter ein künstlerisches Princip aus, man solle seinen Helden nicht übermässig loben. Aber die etwas dunkle Auseinandersetzung, wann der richtige Zeitpunkt sei, von Titurel und dem Gral zu reden, V 241, 1 ff., wie IX 453, 5 *mich batez helen Kiôt*, wird auf der Quelle beruhen; s. unten. — Wenn Wolfram es im Titurel 43 rechtfertigt, dass er Sigunen vor dem Helden des Romanes, Schionatulander, genannt habe, so kann er diese Rechtfertigung nicht aus einer für Parzival und Titurel gemeinschaftlichen Quelle übernommen haben. Denn deren Verfasser konnte ja, da Parzival sein Held war, unmöglich bei den Lesern die Erwartung voraussetzen, dass Schionatulander als Held vor Sigunen erwähnt werden müsse; s. unten. — III 158, 13 *Als uns diu áventiure giht, von Cülne noch von Mästrieht kein schiltœre entwürfe in baz denn als er üfem orse saz.* Trotz der Berufung auf die Quelle hat wahrscheinlich erst der deutsche Dichter die deutschen Kunststätten eingesetzt. Die Quelle hatte vielleicht andere oder nur einen Preis von Parzivals schönem Anstand zu Pferde.

Da Wolfram Parzival I 13, 22 wie im Willehalm 45, 16. 217, 23. 434, 1 im Orient zwei Gewalten unterscheidet, eine geistliche des Baruch in Baldach, die des Kaliphen, und eine weltliche des Admirats, und ihr Verhältniss zu einander dem des Papstes zum Kaiser vergleicht, ganz wie Otto von Freising Chronicon VII 3, s. auch VII 5. 7, so werden die Stellen wohl Wolframs Eigenthum sein. Otto sagt von Baldach: Das alte Babylon (er meint das am Nil) zerfällt in zwei Hälften, von denen die eine unbewohnbar ist: *ipsa autem quae inhabitatur et Baldach vocatur, maxima est et populosa, et cum de imperio debeat esse Persarum, summo sacerdoti suo, quem ipsi Calip dicunt, a regibus Persarum concessa, ut et in hoc quaedam habitudo, sicut saepe iam dictum est, inter Babyloniam et Romam eluceat, quia quod hic a Christiano imperatore summo nostro pontifici in urbe Roma traditum est, hoc ibi a paganis Persarum regibus, quibus ex longo tempore Babylonia subiacuit, eorum summo sacerdoti indultum est. Ipsi vero Persarum reges, sicut et nostri urbem regiam, velut Aquisgrani, Ecbatani, quam Arfaxat in libro Judith fundare legitur, lingua eorum Hani dictam, 100 vel amplius, ut volunt, pugnatorum milia habentem, sedem regni constituerunt, nihil sibi de Babylone praeter nomen imperii reservantes.*

Munsalvœsche, V 251, 2. 19 und oft, und das gleichbedeutende *Salvásche ah Muntane,* V 261, 28, ist ein sonst für die Gralburg unerhörter Name. Schon Bartsch, Germ. Studien II 139 hat die Vermuthung ausgesprochen, dass der Name von Wolfram nach Analogie seines Schlosses *Wildenberc* gebildet sei, V 230, 13. An der citierten Stelle wie V 242, 29 vergleicht er die Armuth auf Wildenberg mit der reichlichen Fülle und Pracht auf der

Gralburg, wie er sie IV 184, 27 der des belagerten Schlosses Pelrapeire gleichstellt. S. *Terre de Salvæsche* V 251, 4, *Funtán la salrátsche* IX 452, 13.

Bei dem Absatz X 503, 1—30, welcher den Anfang des zehnten Buches bildet, ist es zweifelhaft, ob Wolfram ihn erfunden, aus einer anderen Quelle, als welche er Kiot nennt, entnommen, oder aus Kiot nachträglich eingeschoben habe. In demselben wird nämlich erzählt, dass der richterliche Zweikampf zwischen Gawan und dem Landgrafen Kingrimursel, der nach der Verabredung in Tschamfanzun VIII 418, 10 ff. über ein Jahr in der Stadt Barbigoel stattfinden sollte, nicht zu Stande kam, weil sich bei der Zusammenkunft die Unschuld Gawans herausstellte. Darauf begaben sich Gawan und König Vergulaht, der Sohn jenes Königs, den Gawan ermordet haben sollte, auf die Gralsuche, von der später nicht mehr die Rede ist. X 504, 1 beginnt nun *Wiez Gâwâne komen sî, der ie was missewende frî, sît er von Tschamfanzûn geschiet op sin reise ûf strît geriet, des jehen diez dâ sâhen.* Das kann Wolfram unmöglich gesagt haben, unmittelbar nachdem er den Absatz 503 gedichtet hatte. Es ist ein Nachtrag wie in VI die Absätze 336. 337, welche in den meisten Handschriften fehlen. Dem Dichter muss später eingefallen sein, dass der Leser über die im Buch VIII angedeuteten Begebenheiten etwas zu erfahren beanspruchen konnte, und während er diesen Erwartungen genügte, erweckte er durch die Hinzufügung von Vergulahts zu Gawans Gralsuche andere, denen er doch nicht gerecht wurde. Wenn Wolfram den Inhalt von Absatz X 503 nicht frei erfand, so hat er ihn aller Wahrscheinlichkeit nach aus Kiot oder einer anderen französischen Quelle entnommen, und dies ist wahrscheinlicher als freie Erfindung, dass die Gralsuche Gawans und anderer Artusritter ein bekanntes Motiv der französischen Litteratur ist, s. Pseudo-Gautier, Heinrichs von dem Thürlein Krone und die Quête. Jedesfalls aber zeugt die Sachlage von einer gewissen Selbständigkeit Wolframs der Quelle gegenüber: entweder Einschub oder Weglassung; über diese s. unten.

Hieher wird gewöhnlich auch der Widerruf gesetzt, der XVI 798, 6 den früher IX 454, 24. 471, 15 ausgesprochenen Bericht über die neutralen Engel als die ersten Diener des Grals zurücknehmen soll. Wolfram habe, durch einen geist-

lichen Freund belehrt, eine vorher von ihm erzählte Thatsache,
nach welcher die neutralen Engel nicht mit Lucifer in die
Hölle fahren, berichtigt. Wenn die erste Aussage aus der
französischen Quelle stammte, ist die zweite eine bewusste
Abweichung davon. Aber IX 454, 21 ff. erzählt Wolfram dem
Leser von Flegetanis: *er jach, ez hiez ein dinc der grâl: des
namen las er sunder twâl inme gestirne, wie der hiez. ein schar
in ûf der erden liez: diu fuor ûf über die sterne hôch. op die
ir unschult wider zôch, sît muoz sîn phlegen getouftiu fruht
mit also kiuschlicher zuht: diu menischeit ist iemer wert, der
zuo dem grâle wirt gegert.* Das heisst: einst haben den Gral
auf Erden Engel bedient; seitdem diese aber, da die Erde
doch keine würdige Stätte für ihre Reinheit war, wieder in
den Himmel zurückgekehrt sind, thun es edle Christenmenschen.
Dass diese Engel neutrale Engel gewesen seien, die dann be-
gnadigt wurden, ist mit keinem Worte angedeutet. Ebenso wenig
im Titurel 6 *Dô ich* (Titurel) *den grâl enphienc von der botschefte,
die mir der engel hêre enbôt mit sîner hôhen krefte.* Von den
neutralen Engeln als Gralhütern spricht nur Trevrezent IX
471, 15 *di newederhalp gestuonden, dô strîten begunden Lucifer
und Trinitas, swaz der selben engel was, die edelen unt die
werden muosen ûf die erden zuo dem selben steine. der stein
ist iemer reine. ich enweiz, op got ûf sie verkôs ode ob ers
fürbaz verlôs. was daz sîn reht, er nam se wider. des steines
phliget iemer sider die got derzuo benande und in sînen engel
sande.* Und diese von ihm Parzival ertheilte Auskunft bezeichnet
Trevrezent XVI 798, 6 als eine absichtliche Lüge: *ich louc durch
ab leitens list vonme grâl, wiez umb in stüende* u. s. w., die
neutralen Engel sind vielmehr ewig verdammt. Trevrezents
Absicht war, wie er sagt, Parzival von der Gralsuche abzu-
schrecken. Er setzte also den Werth des von ihm erstrebten
Gutes etwas herab, insofern er nicht die eigentlich so genannten,
sondern die neutralen Engel als die ersten Gralhüter bezeichnete. Es wird nicht ausdrücklich gesagt, aber offenbar ist
Trevrezents wahre Meinung die früher Flegetanis in den Mund
gelegte, dass es vielmehr die reinen Engel gewesen seien. Ein
Widerspruch Wolframs ist also nicht vorhanden, sondern eine
wunderliche Erfindung. Ob sie ihm angehört oder Kiot, darüber unten S. 16 ff.

Gewiss nur Wolframisch ist die Composition in Dreissigern von Versen, insofern die Bücher V—XVI durch dreissig theilbar sind und eine Reihe von deutlichen Sinnesabschnitten dreissig Zeilen betragen: II 112, 5. 113, 5, und auch die letzten zwei Dreissiger am Schluss des zweiten Buches II 114, 5. 115, 5, die einen Excurs über die Frauen bilden, V 241 warum der Dichter jetzt nicht vom Gral erzähle, VI 336 Schluss der Erzählung, 337 Excurs über die Frauen und Schluss des Buches, — 336. 337 fehlen in den meisten Handschriften, — IX 479, 3 bis 480, 3 Anfortas' Missgeschick, XII 584, 5 Betrachtung über Gawans Liebe, XV 770 lauter Personennamen, vgl. 772, XVI 791 lauter Namen von Edelsteinen.

Selbständig ist Wolfram auch, wenn er unfranzösische Wortformen braucht: I 43, 19. 52, 15 *schahtelacunt* ,Graf des Schlosses'; s. Bartsch, Germ. Studien II 138, — I 50, 6. II 68, 8 *sarapandratest* ,Schlangenkopf', *Condwîr âmûrs* III 177, 30 u. s. w. und VI 327, 20 sogar *Condwîren âmûrs*. Bedenklich scheint auch *zer Muntâne clûse* in dieser Wortstellung VII 382, 24. Darmesteter Formation des mots composés bietet keine Analogie zu diesen Bildungen. — Zweifelhaft ist *Terre de Salværsche* V 251, 4, *Salvâsche ah Muntâne* V 261, 28. S. oben S. 8. *Duc Ehkunahten de Salvâsch flôrien* Titurel 151, 1 (187, 1), was der Dichter 152, 4 (188, 4) *der herzoge Ehkunaver von Bluomeder wilde* (kaum *Bluome der wilde*) übersetzt. — *Der selbe fisiôn* (: *Salmôn*) wird IX 453, 25 Flegetanis genannt; soll das gleich *fisician* -*ain* -*en* ,Arzt' sein? weder die Form stimmt noch passt die Bedeutung. Erstere erinnert an *clergion*, *clerjon* ,(junger) Clerc'. — *Der pareliure Plato* IX 465, 21; es ist unwahrscheinlich, dass Plato in einem französischen Gedicht ,der beredte' oder ,der Redner' genannt worden sei, wo es sich um seine Prophezeiung Christi handelte. — *Mahinande* statt *mässenie* XIII 646, 30.

Eine reichliche Quelle zu selbständigen Ausführungen erschloss sich Wolfram durch seine Missverständnisse des französischen Textes, der einerseits dem Crestien'schen gleich war, andererseits von diesem abwich.

III 117, 9 *zer waste in Soltâne*, d. h. in der Einöde, welche den Namen Soltane trug, Crestien 1289 *de la gaste foriest soutaine*. — III 152, 23 *der verswigen Antanor*, *der*

durch swigen dühte ein tôr. Wolfram dachte wohl an einen
Ritter der wie Peredur und andere seiner Dame zu Ehren das
Gelübde gethan hatte, bis zu einem gewissen Zeitpunkt zu
schweigen; s. San Marte, Arthursage 194. Bei Crestien ist der
sos weder stumm noch hat er sich zum Schweigen verpflichtet,
aber 2444 heisst es: *li sos sist jouste le feu, Ot la parole.*
Hat Wolfram *ot* für *habuit* statt für *audivit* genommen und
gemeint, das sei so viel als *rot?* Doch da im Peredur auch
das Motiv der Stummheit an unserer Stelle vorkommt, ein
stummes Zwergenpaar spricht, als Peredur an den Hof Artus'
kommt, ist die Sache wohl anders aufzufassen. — V 253, 30
ein brunne stêt pî Karnant, dar nâch der künec heizet Lac,
Crestien 4848 *Qui la voie tenir sauroit Au lac.* Wolfram
hat *lac* für einen Ortsnamen und zwar für den einer Quelle
gehalten und daraus geschlossen, dass der bekannte König
Lac von Nantes-Karnant, Erecs Vater, daher seinen Namen habe.
Aber dass Nantes gleich Karnant sei, wusste Wolfram nicht,
während z. B. in Crestien's Erec mit beiden Namen gewechselt
wird 6553. 6562. 6584. 6865; Zimmer, Zeitschrift für französische Sprache und Litteratur XIII 36. Es wird also schon
Kiot den *lac* in die Nähe von Nantes-Karnant versetzt haben,
Bartsch, Germ. Studien II 122. 124. — VII 345, 14. Der
König Schaut, Meljanz' Vater ist nach Bartsch aus Crestien
2619 *se Dex me saut. Ses peres* (Meljanz' Vater) *ama moult
Tiébaut,* XII 610, 17 *Bems bî der Korká* als Aufenthaltsort
Artus' aus Crestien 10258 *Le roi Artu en Orcanie, Bien en ai
la norele oîe* entstanden. Das sind wohl die wahrscheinlichsten
unter den vielen ähnlichen Erklärungen Bartsch's, aber keines-
wegs sicher.

Ueber Wolframs zwei Messer V 234, 18 gegenüber Crestiens *tailléoir* 4409. 4743 siehe gleich unten S. 14.

Nicht aus dem Crestienschen Text zu erklären sind andere
Fälle. — I 56, 18. IX 486, 8. Eine Fee *Terdelaschoie* im Lande
Feimurgân hat es in der französischen Litteratur natürlich nie
gegeben, wohl aber wird Kiot an der Stelle die bekannte
Schwester König Artus', die Fee Morgane aus dem Feenland
genannt haben; Bartsch, Germ. Studien II 134. — I 57, 2
Feirefiz hat Bartsch gewiss richtig als *vair fiz* gedeutet Germ.
Studien II 138. Aber da Wolfram nirgends andeutet, was der

Name bedeute, ‚der gefleckte Sohn‘, so hat er ihn gewiss nicht erfunden, sondern unverstanden aus seiner Quelle übernommen. — Ebenso vielleicht II 64, 14 *Lêôpláne*, das ist nach Bartsch *lée plaine*. Wolfram sagt allerdings II 61, 16 *ouch was der plân wol sô breit, daz sich die snüere stracten dran*, aber er hat ihn für einen Ortsnamen und zwar für einen jener gehalten, die den Artikel bei sich haben können, wie *daz Lechvelt* XI 565, 4. — II 67, 15 *Cidegast de Lôgroys*, der Geliebte Orgelusens *de Lôgroys*, die eine Burg *Lôgroys* besitzt, X 506, 15. 507, 13. 29, bei Crestien 10007 *l'or çou a nom Orguellouse de Logres où elle fu née; si en fu petite aportée*. Es ist der bekannte keltische Name für einen Theil Britanniens, den Artus beherrschte, *Loyria* bei Gotfried von Monmouth, *Loegria* bei Giraldus Cambrensis, s. die Indices. Aber gerade von Artus wird bei Wolfram oft gesagt, dass er sich im Lande *Löver* aufhielt: IV 216, 4, Clamide reitet *gein Löver ûf die erde* und findet da Artus in *Dianazdrûn*, d. i. *Dinaderon en Gales* Crestien 3708. 3929, — XII 610, 15. 625, 16, XIII 644, 14, XV 761, 27 *Löver, Britâne, Engellant*. Wolfram hörte wahrscheinlich von demjenigen, der ihm das französische Buch vorlas, entsprechend einer schwankenden Orthographie, den Namen Logres verschieden aussprechen und schloss, eine Form gehöre zu Orgelusen, die andere zu König Artus. — Aehnlich kann es sich mit Lyppaut in VII und Lybbeals in IX verhalten, mit Galoes in I und dem Adjectiv *Wâleis* und dem Ortsnamen *Wâleis, Wâls*, mit *Vrians*, Crestien's Griogoras der Person nach, in X und *Friam* in XIII, während Nantes und Karnant dem Namen nach schon in der Quelle geschieden waren, s. oben S. 5. 12, wenn Kiot auch wusste, dass beide denselben Ort bedeuten. Dass Wolframs Vorlage sich nicht scheute, verschiedene Personen gleich zu benennen, sehen wir aus den zwei Amphlisen, Klauditten, Cundrien, Kardeizen, Kyoten, Ehkunahten, von Berbester und von *Salvâsch flôrien*, Kahenisen, Liddamusen, von Agrippe und von Galicien.

IV 205, 14 *ein fürste ûz Ukerlant*, IV 210, 12 *norden über den Ukersê*. Sicherlich hat kein See im Französischen je den Namen *Ultrelac* gehabt, er ist, wie Bartsch gezeigt hat, zu erklären aus III 121, 26 *Karnahkarnanz leh cons Ulterlec*. Auch ein wirkliches Land hat nie *Ultre terre* geheissen. Die

Präposition *utre* braucht zwar Wolfram selbst VI 286, 25 *ûz fuor Lægramore roys*, *Kalopierende ulter juven poys*: *sin órs über hôhe stûden spranc*, s. V 271, 8 *fürz fôrest in Prizljân reit ich dô in juven poys*, — aber in den Verbindungen *ultre lac*, *ultre terre* hat er sie nicht erkannt.

V 234, 18 *zwei mezzer snidende als ein grât brâhten sie* (zwei Graldamen) *durch wunder ûf zwei twehelen al besunder. daz was silber herte wîz* u. s. w., V 255, 11 fragt Sigune, VI 316, 27 Kundrie Parzival, ob er denn nicht auf der Gralburg den Gral, die Graljungfrauen *und snidende silber und bluotec sper* gesehen habe, IX 490, 23 erzählt Trevrezent, dass Trebuchet nach Angabe der Inschrift auf Anfortas' Schwert die zwei scharfen Silbermesser verfertigt habe, die den auf der Lanze sich bildenden Reif wegschaben sollten. Das heisse Gift der Lanze nämlich treibt den Frost im Leibe Anfortas' heraus, sobald sie auf die Wunde gelegt oder in dieselbe hineingestochen wird. — Zu Grunde liegt das bekannte Missverständniss von *tailléoir*, das Wolfram für ein Messer gehalten hat statt für einen Teller. Nun hat zwar Crestien 4409. 4793 einen *tailléoir d'argent* in der Gralprocession, aber nur einen. In Wolframs Quelle werden wie im Didot'schen Perceval 465, s. auch Grand St. Graal Hucher II 178, zwei vorgekommen sein, einer als Untertasse, der andere als Deckel für das Gralgefäss, s. meine Gralr. 7 f. 122. 194, während von zwei Messern für Wolframs Zwecke eines überflüssig ist. Die Verwendung der Messer zur Heilung der Anfortas, die Nachricht, dass der Schmied Trebuchet sie nach Angabe der Inschrift zu diesem Zwecke gemacht habe, war also nicht in Wolframs Quelle, es sind seine auf einem Missverständniss beruhenden Erfindungen. — Auf ein seiner Vorstellung in gewisser Beziehung ähnliches Messer in der Blutlegende von Fécamp habe ich in meinen Gralr. 40 hingewiesen.[1]

V 261, 20. Ist es denkbar, dass ein französischer Dichter Bealzenan als Hauptstadt von Anjou genannt habe, statt des

---

[1] De la Rue, Essays II 240, kannte eine Handschrift des Crestien'schen Percevalromans, welche statt der Worte Gautiers 33928 *Si com li contes nous afice Qui nous sera tost escris* einsetzt *Si c. li c. n. a. Qui à Fécamp est los escris*. S. Heinrich, Perceval 78; Küpp, Zeitschrift für deutsche Philologie XVII 8, Anm.; Suchier, Zeitschrift für romanische Philologie XVI 274.

historischen Angers, — Gawan einen Bruder Beacurs gegeben
habe, VI 323, 1, statt der bekannten drei Agravain, Garies, Ga-
heriet (Galereis), s. Crestien 6146. 9508? S. *bêâ curs* als
Appellativum VI 327, 19. 334, 24, *din minneclicher bêâ curs.*
VI 344, 11 *der Krieche Klias* erzählt von seinem Missgeschick auf der Fahrt nach dem Wunderschloss und von den
vier Damen daselbst. Wie Bartsch bemerkt hat, spricht ungefähr an derselben Stelle, 6099, Crestien von Giflet, der aber
sich erst anschickt das Abenteuer, nicht auf dem Wunderschlosse, sondern auf Castel Orguelous zu bestehen. Da Wolfram
den Roman von dem griechischen Cliges kannte, XII 586, 26,
so hat er wahrscheinlich in seiner Quelle als jenen Bericht-
erstatter einen Ritter mit einem Namen gefunden, der ihn an
Cliges erinnerte, vielleicht Giflet wie bei Crestien.

VIII 416, 20 die erste Erwähnung des Provenzalen *Kîôt la
schantiure.* XVI 827, 1 ff. *Ob von Troys meister Cristjân disem
mære hât unrehte getân, daz mac wol zürnen Kŷôt, der uns diu
rehten mære enbôt.* Kurz vorher XVI 826, 20 ein Beispiel dafür,
was Wolfram unter *dem mære unrehte tuon* versteht: *hin fuor
Loherangrîn, wel wir dem mære rehte tuon, sô was er Par-
zivâles sun.* Also die richtigen thatsächlichen Angaben ver-
dankt Wolfram dem provenzalischen Lyriker Kiot; s. die anderen
Stellen oben S. 2. 3. Wenn wir annehmen, dass die Quelle
Wolframs eine später als das unvollständige Werk Crestien's
verfasste und in den vergleichbaren Theilen nicht immer mit
Crestien übereinstimmende Percevalgeschichte war, in welcher
der Dichter auf sein Verhältniss zu dem Werke Crestien's anspielte, so können wir uns einen Weg vorstellen, auf dem
Wolfram zu seinen wunderlichen Angaben gekommen ist.
Gerbert, der seine Fortsetzung des Perceval zwischen die Fortsetzungen Gautier's und Manessiers eingeschaltet hat, sagt,
nachdem er Crestien's Tod beklagt hat, der ihn an der Voll-
endung seines Werkes gehindert habe, Potvin VI S. 212: *Si
com la matère descoevre Gerbers, qui a reprise l'oevre, Quant
chascuns trovère la laisse.* Wenn Wolframs Quelle etwa von
sich sprechend sagte, *ki ot reprise l'oevre, reprinse l'estoire* oder
ähnlich, so konnte Wolfram einmal in dem *ki ot* den nord-
französischen Namen Guiot zu hören glauben, den er für den
Verfasser des Werkes und für dieselbe Person wie den bekannten

Dichter Guiot de Provins hielt, der Lyrisches und Didaktisches
geschrieben hat, dessen Beinamen er aber auf die Provence
bezog — hier weniger unterrichtet als XIII 657, 27, wo er das
Land Persia ausdrücklich von der Stadt Persida scheidet, —
die jedenfalls in Deutschland bekannter war als die nordfranzö-
sische Stadt Provins, — dass Provis im Willehalm 437, 11 denselben Ort bedeutete wie Provins, ahnte er gewiss nicht, — und
ebenso auch *reprise, reprinse* missverstehen und darin einen
Tadel der älteren Werke ausgedrückt finden.

IX 454, 24 und die oben S. 9 angeführten Stellen, aus
welchen hervorgeht, dass der Gral erst von reinen Engeln bedient wurde, bevor er an Titurel gelangte, nach Trevrezents ab-
sichtlicher Lüge von neutralen Engeln. Diese Vorstellungen sind
kaum französisch, da in der französischen Litteratur der Gral,
die Blutschüssel, immer Joseph von Arimathia oder einem anderen
Mitglied der ersten Christengemeinde übergeben wird, s. meine
Abhandlung über die Gralromane S. 48 f.[1] Wohl aber gibt es
daselbst Beziehungen der Engel zum Gral: Gerbert, Potvin VI 177,
erzählt, dass den Gral, nachdem Percevals Mutter und ihre Base
Philosophine ihn aus dem Orient nach England gebracht hatten,
par le comant au roi altisme le ravirent li angle puis — und ihn
zum *roi Peschéor* trugen. Im Grand Saint Graal, Hucher II
178 f., wird die Gralprocession von Engeln abgehalten und einer
trägt den Gral vor Joseph von Arimathia, der ihn besitzt. Vielleicht war das Verhältniss der Engel zum Gral und die ganze
Vorgeschichte des Grals in Wolframs Vorlage kurz und undeutlich ausgedrückt, so dass er sie missverstehen und dann in
wunderlicher Weise umbilden konnte. — Die neutralen Engel
passen in den Gesichtskreis Kiot's und Wolframs. Dante allerdings versetzt sie in der göttlichen Komödie 3, 37 in eine Art
Vorhölle, aber sonst dachte man sie sich auf der Erde; im
mitteldeutschen Brandan 1360 sind sie auf einer Insel, sonst in
Luft und Wasser, W. Mapes, De nugis curialium ed. Wright 84
Anm., 157 Anm., Jans Enikels Chronik 229 ff., auch zwischen
Haut und Fleisch der Menschen 272 ff., ebenso in den Ab-

---

[1] Wo der französische Prosa-Tristan ed. Löseth 397 nachzutragen ist; nach
diesem war die erste Besitzerin des Blutgefässes eine blinde Frau, erst
später Joseph von Arimathia.

leitungen Enikels, der Sendlinger Chronik, Seeber, Zeitschrift
für deutsche Philologie XXIV 35. XXV 566, und, wie mir
S. Singer mittheilt, in dem Gleinker Codex der Christherre-
chronik, Dresdener Abschrift S. 27. 29. Auch nach der gegen-
wärtigen Volkssage halten sie sich auf der Erde in hohlen Räumen
oder in der Luft auf, Zeitschrift für deutsche Philologie XXIV 34 f.
In Salman und Morolf 507 steht zwischen den schwarzen Teufeln
und den weissen Engeln eine *bleiche schar, die sint unsers herren
mâge und sint komen ûz der hellen dar.* Die Worte spricht
Salomon. Nichts Näheres ergeben die neutralen Engel, welche
der Wartburgkrieg Str. 115 und Albrecht im Titurel anführen,
5779. — Andere Litteratur über die neutralen Engel gibt
S. Singer, Zeitschrift des Vereines für Volkskunde 1892, S. 297;
s. auch Joachim, Zur altdeutschen Genesis, 1893, S. 8. Weiter
ab scheint mir trotz der Verbindung mit einem Steine der saum-
selige Engel Adams zu stehen, der zur Strafe in den schwarzen
Stein der Kaaba eingeschlossen worden ist, Martin, Gralsage 39.
S. über den Gral als Stein unten S. 8 ff.

Nach einer wälschen Ueberlieferung vom heil. Oele, die
ein vollkommenes Seitenstück zur Grallegende bildet, mitgetheilt
von Sommer in der Ausgabe von Malory's Mort Darthur III 29
Anm., hat der in Chapel Perilous lebende Eremit Nasciens, ein
Vetter Bredyrs af Efrog (Peredur ab Efrawc), wohl der Eremit
Nasciens, nicht der frühere Heide Seraphes, s. Quête c. I. VII,
Birch-Hirschfeld 37. 45, in Uebereinstimmung mit dem Berichte
des Eremiten Blaes (Blaise) eine Geschichte vom heil. Oele
geschrieben, in welcher erzählt wurde, dass Joseph von Arimathia das heil. Oel von sieben Engeln erhalten habe, worauf
er mit seinem Sohne Joseph, zwölf Söhnen seiner Schwester und
vierhundert Anhängern nach England ging, wo sein Sohn Joseph
mit diesem heil. Oel zum Bischof in Dinastarar consecrirt wurde.
Dasselbe Oel wurde später bei der Krönung König Artus' ver-
wendet. — Chapel Perilous weist auf eine französische Quelle,
die aber in England entstanden sein mag, da Thomas Becket
darin erwähnt wird.

Möglich wäre es demnach, dass wie das heil. Oel, so
einmal der Gral nicht durch Christus sondern durch einen
Engel an den ersten Besitzer, Joseph von Arimathia, gelangte.
Das war vielleicht die Meinung Kiots. Aber gewiss nicht, dass

Titurel dieser erste menschliche Besitzer des Grales war, den
vorher Engel in ihrer Verwahrung und Gewalt gehabt hätten.
Das wird auf einem Missverständniss Wolframs beruhen, der
die Engel für die Besitzer ansah und von den menschlichen
Vorgängern Titurels nichts wusste. Ob die ungeschickte Lüge
Trevrezents in Bezug auf die neutralen Engel, s. oben S. 16,
Kiot angehört oder Wolfram, muss unentschieden bleiben.
Wahrscheinlich wenn es sich bei Kiot nur um Botendienste
handelte, waren seine Engel die gewöhnlichen.

IX 469, 3 Der Gral ist *ein stein*. Sie (die Templeisen
auf der Gralburg) *lebent von einem steine*, — 469, 7 *er heizet
lapsit exillis*, d. h. er ist von derselben Beschaffenheit wie der
lapis electrix, wie Zacher gefunden hat; s. meine Abhandlung
über die Gralromane 148 und Stricker, Kleinere Gedichte ed.
Hahn XI, 108, der ohne den Namen zu nennen einen Stein
kennt, der im Stande ist Strohhalme aufzuheben und zu halten.
— 469, 28. 470, 4. 6. 10 Auf diesen Stein, *dar âf, ûf den stein*,
kommt die Oblate. 470, 23 *zende an des steines drum von ka-
racten ein epitafum sagt sînen namen und sînen art, swer dar*
(zum Gral) *tuon sol die sælden vart*. Vorher V 238, 4 *die* (die
Knappen) *nâmen in wîze twehelen brôt mit zühten vorme grâle,
— 8 man sagte mir — daz vorem grâle wære bereit, — swâ
nâch ener bôt die hant, daz er al bereite vant spîse warm, spîse
kalt* u. s. w. Der blosse Wortlaut aller Stellen, in denen
Wolfram vom Gral als einem *stein* spricht, würde erlauben in
diesem ein aus einem Stein geschnittenes, verfertigtes Gefäss
zu sehen; s. II 85, 1 ff. *dô bôt man in daz trinken dar in mane-
gem steine wol gevar, smarâde unde sardîn, etslicher was ein
rubîn*, vgl. IX 498, 9 *mîn kefsen hiez ich würken ûz einem
steine*, ebenso wie ein steinernes Taufbecken *ein stein* genannt
werden kann, XVI 816, 20 *der toufnapf was ein rubbîn*, Albrecht von Scharfenberg, Titurel 524, eine Badwanne, Wigamur
1100, Salman und Morolf 776, 6, ein steinernes Haus, daselbst
634, 2, ein Gefängniss, Karlmeinet 242, 10. 244, 61, eine Mönchs-
zelle, s. meine Abhandlung über die Hervararsaga WSB. CXIV
478 (64) und Veselovskij Južnorusskija byliny 1881, 32. 34.
Auch von der Wundersäule sagt Wolfram XII 592, 1 *dirre
stein bî tage und alle nähte schein, sît er mir êrste wart bekant — al umbe sehs mîle in daz lant*. Und die Ansicht, dass

der Gral ein aus Stein geformtes Gefäss sei, vertreten Heinrich von dem Thürlein, Krone 29384 *gesteine was ez und goldes rich, einer kefsen was ez gelîch, diu ûf einem alter stêt*, und Albrecht von Scharfenberg, Titurel 6172 ff. *ein schar den grâl ûf erde bî alten zîten brâhte, ein stein in hôhem werde, man ein schüzzel dar ûz zu würken dâhte* u. s. w., und auch im Wartburgkrieg 145, wo der Stein aus der Krone Lucifers gesprungen ist, den man sich in übermenschlicher Grösse dachte, wird die Sache nicht anders gemeint sein. S. auch den sacro catino in Genua, Wilken, Kreuzzüge II, Beilage S. 8. *In* statt *ûf* braucht man IX 469, 28. 470, 4. 6. 10 nicht zu erwarten, s. Erlösung 4173 *daz houbet ûf eime deller her tragen*, — *vor* V 238, 5. 10 ist fast gleich *von*, s. das mittelhochdeutsche Wörterbuch III 373ᵇ, 44 ff. Gleichwohl ist es unwahrscheinlich, dass dann Wolfram nie einen Ausdruck gebraucht hätte, der dem Leser verriethe, welche Form dieser Stein hatte. So hielt er ihn wohl für einen formlosen Stein, aber gewiss weder er noch seine Quelle im Zusammenhang mit sonst bekannten heiligen oder zauberkräftigen Steinen, Kaaba, Alatyr, Paradiesesstein u. s. w., Martin, Gralsage 39, Veselovskij, Archiv für slavische Philologie VI 37. 41. 67, Domanig, Parzivalstudien II 13, Cassel, Aus Litteratur und Symbolik 248. Ebenso wenig auch wird Wolfram, wie Hertz, Die Sage von Parzival und dem Gral 21 und Golther, Münchner allgemeine Zeitung. Beilage, 30. Juli 1890, S. 3* meinen, die Auskunft, welche bei ihm Trevrezent im IX. Buch über den Gral gibt, der missverstandenen Beschreibung des Grals bei Crestien danken, 4398 ff. *un graal* — 4410 *Içou vos di veraiement, De fin or esmeré estoit; Pières pressieuses avoit El graal, de maintes manières, Des plus rices et des plus cières Qui el mont ù en tière soient. Totes autres pières pasoient Celes dou gréal, sans dotance.* Einmal steht die Stelle in jener dem V. Buch Wolframs entsprechenden Partie des Perceval, welche den ersten Besuch des Helden auf der Gralburg erzählt, und dann ist sie gar nicht geeignet selbst bei jemandem, der nicht wusste, was ein *graal* ist, die Vorstellung von einem aus einem Stein verfertigten Gefässe zu erwecken, geschweige die eines formlosen Steines. Die richtige Auffassung von der Sache hat meiner Meinung nach Bartsch gehabt, der Germania XXIII 248 f. bei

2*

Gelegenheit der Recension von Birch-Hirschfeld's Gralsage sagt:
‚Gesetzt dass Guiot den Gral nicht als ein goldenes mit Edelsteinen geschmücktes, sondern als ein aus einem Edelstein geschnittenes Gefäss bezeichnete, dann erklärt sich der Stein bei
Wolfram noch viel natürlicher als aus der Beschreibung Crestien's‘, mit dem Hinweis auf die im Altfranzösischen wie Mittel-
hochdeutschen übliche Redeweise: ‚das Gefäss war ein Rubin‘.
Wenn es nun bei Kiot hiess: ‚der Gral war ein Edelstein‘, *le
graal estoit une piere mult rice* oder ähnlich, so konnte Wolfram
daraus einen formlosen Stein machen. Es ist ganz begreiflich,
dass Albrecht im Titurel 6172 auch ohne das französische
Original Wolframs zu kennen, aus dessen Stein wieder eine
steinerne Schüssel machte.

IX 496, 1 ff. Trevrezent erzählt Parzival, er habe weite
Reisen gemacht in Europa, Asien und Afrika, und für *Gauriûn*
und *vor dem bere ze Fâmurgân*, s. oben S. 12, und *dem ze Agre-
montîn* turniert. Darauf 496, 15 *und dô ich für den Rôhas
durch âventiure gestrichen was, dâ kam ein werdiu windisch
diet ûz durch tjoste gegenbiet.* Dahin war er von Sevilla gekommen, *ich fuor von Sibilje daz mer alumb gein Zilje durh
Friûl ûz für Aglei*, also im Anfang seiner Reise, nachdem er
Munsalvaesche verlassen. Und zwar ist Cilli die letzte Station,
bevor er *für den Rôhas* kommt, IX 498, 20 ff. Dann zog er
in die Stadt Gandine, s. Weiss in der Zeitschrift für deutsches
Alterthum XXVIII 136, *dâ diu Greian in die Trâ mit golde
ein wazzer rinnet*, im Lande *Stîre*. Eine so genaue Kenntniss
der südlichen Steiermark ist einem französischen Dichter nicht
zuzutrauen. Aber wenn ein deutscher Dichter in seinem Original las, dass Trevrezent auf seinen orientalischen Fahrten
nach *Rohas en Sirie* gekommen sei, d. h. nach Edessa, s. Chanson d'Antioche I 181, Gaufrey 185, so konnte ihm der Rohitscher-
Berg einfallen, der auch Rohas hiess, dieselbe Zeitschrift XI 47,
er konnte glauben, dass hier von südsteirischen Oertlichkeiten die
Rede sei. Allerdings müsste auch Wolfram, der in Mitteldeutsch-
land zu Hause war, diese Gegenden entweder aus eigener Anschauung oder durch den Bericht eines Freundes, etwa Walthers
von der Vogelweide, der nach Aquileja, an die Drau und die Mur
gekommen war, oder eines anderen Oesterreichers näher kennen
gelernt haben, um von der Lage des Ortes Gandine so genaue

Auskunft zu geben. Für Armenien als ursprüngliches Ziel von
Trevrezents Reisen spricht auch Rankulat, d. i. Hrhomgla am
Euphrat, I 9, 13, und der armenische Patriarch, der *katolicô
von Ranculat,* XI 563, 8, Haupt, Zeitschrift für deutsches Alterthum XI 42, der schon durch Otto von Freising, Chronicon
VII 32 *Armeniorum Metropolitanus, quem ipsi katholicon —
vocant,* dem Abendland bekannt geworden sein konnte. Mit
diesen steirischen Localitäten, der Erfindung Wolframs, hängt
das Wappen des Hauses von Anjou zusammen und die Ableitung von König Gandins Namen IX 498, 26. II 101, 7.
XIII 656, 14. Der Zauberer Klinschor, der Neffe, *neve,*
des neapolitanischen Virgil, herrschte in Caps (Capua)[1] über
die Terra de Labur und wird von Ibert von Sizilien in Kalot
enbolot (Calata Belota) *zeinem kapûn mit einem snite — ge-
machet.* Hat Wolfram ein *Capouan* seiner Vorlage für *capon*
missverstanden und die Geschichte von Klinschors Entmannung
erfunden?

Im Hinblick auf einige der hier angeführten Fälle kann
man behaupten, Wolfram habe die Wahrheit gesagt, wenn er ⋎
eine von Crestien verschiedene französische Quelle für seinen
Parzival angibt.

Selbständig zeigt sich Wolfram auch durch Weglassen aus
seiner Quelle. Dass er dies thue, sagt Wolfram öfters ausdrücklich,
oder deutet wenigstens an, dass er mehr sagen könnte, wenn er
wollte. V 277, 8 *ir namen ich wol genennen kan, wan daz ihz nicht
wil lengen,* VII 388, 1. 397, 7 *Wie diu hôchzît ergienc, des vrâgt
den der dâ gâbe enphienc,* X 504, 1. 515, 8. XIII 637, 1 *Mîn
kunst mir des niht alles giht, ine bin solh kûchenmeister niht,
daz ich die spîse künne sagen,* 642, 10. XIV 731, 9. XV 773, 18.
XVI 809, 15. 816, 1, Titurel 52, 4. — Parzival VIII 401, 28.
403, 20 stellt sich der Dichter zuerst, als wolle er etwas über-
gehen, erzählt es dann aber doch. Allerdings können alle diese
Ablehnungen, von denen keine sich deutlich auf Crestien's Text
bezieht, die meisten ihn ausschliessen, poetische Phrasen sein.

Und auch wenn Wolfram in auffälliger Weise kurz erzählt,
ist es nicht immer erlaubt anzunehmen, dass die Quelle mehr
geboten haben müsse, IV 197, 12 Parzivals Kampf mit Kingrun,

---

[1] In Konrads von Ammenhausen Schachbuch heisst Capua Capue, 16425.

IV 200, 10 die Landung zweier Schiffe vor Pelrapeire, VI
334, 8 das Abenteuer des Griechen Klias im Wunderschloss.
Denn wer sagt uns, dass seine Quelle nicht an einzelnen Stellen
bis zur Unverständlichkeit kurz gewesen sei, durch dichterische
Eigenart oder durch Voraussetzung einer Kenntniss bei ihrem
Publicum, die uns fehlt?

Trotzdem ist es in einigen Fällen sehr wahrscheinlich,
dass Wolfram Dinge, welche in seiner nicht mit Crestien übereinstimmenden Quelle standen, ausgelassen oder gekürzt habe.
I 12, 3 Als Gahmuret sich zu seiner ersten Fahrt in den Orient
anschickt, erhält er *durch liebe kraft unt durch wiplich geselle-
schaft kleinortes tûsent marke wert — daz sande im ein sin
friundin.* II 76, 6 erfahren wir, dass diese Geliebte die Königin
Amphlise von Frankreich war, aus VI 325, 27, dass Gahmuret
ihr seine Erziehung verdankte. Eine solche Thatsache aus der
Vorgeschichte hätte ja Kiot in dieser Kürze andeuten können.
Aber Wolframs Titurel zeigt uns, dass ihm über die Beziehungen
Gahmurets zu Amphisen mehr bekannt war, als was er im
Parzival mittheilte, 38 f., dass Amphlise Gahmuret zum Ritter
geschlagen und ihm den von ihr erzogenen Schionatulander als
Knappen gegeben habe, s. 92. 96, dass Schionatulander zwischen
Amphlise und Gahmuret Botendienste versah, 54. 99. Diese
Dinge für den Titurel zu erfinden, hatte Wolfram gar keinen
Anlass.

I 18, 11 Belakaneus Marschall erkennt Gahmuret, er muss
ihn schon eher gesehen haben *daz muost ze Alexandrie sin, do
der bâruc dâ vor lac.* Aber obwohl I 13, 16 die Dienste erwähnt werden, welche Gahmuret dem Baruch leistete, ist von
keiner Waffenthat vor Alexandrien die Rede, nur dass der
Baruch den Brüdern Pompejus und Ipomidon von Babylon,
d. i. Cairo, die Stadt Ninive weggenommen habe, I 14, 3. Die
Belagerung Alexandriens durch den Baruch hat Kyot wahrscheinlich unter den Kriegsthaten Gahmuret erzählt.

Die Liebesgeschichte Sigunens und Schionatulanders hat
Wolfram sich als Stoff zu einem besonderen Gedichte, dessen
Held Schionatulander ist, Titurel 39, aufgespart und deshalb
im Parzival ausgelassen. Die Anspielungen auf das Geschick
des Liebespaares in Parzival sind dadurch dunkel und ohne
den Titurel, zum Theile auch mit ihm nicht verständlich. Wenn

Sigune III 140, 16 ff. erzählt, sie sei Parzivals Base, Herzeloydens Nichte, und bei dieser erzogen worden, s. IX 477, 7,
ihr Geliebter Schionatulander einer Brackenleine wegen von
Orilus, dem Mörder Galoes', des älteren Bruders Gahmurets,
getödtet worden, dem Bruder Lähelins, der selbst die zwei
Länder Parzivals Waleis und Norgals trotz der Vertheidigung
durch Schionatulander weggenommen habe, worüber auch Herzeloyde Parzival vor seinem Auszug belehrt, III 128, 4, s. auch
154, 25. V 266, 22. VI 331, 15 und XVI 803, 5. 22, was nicht
hindert, dass Herzeloyde noch als eigentliche Herrin dieser
Länder gilt, III 103, 7, so sehen wir, dass man sich in Wolframs
Quelle Sigunen II 100, 2 ff. als Hausgenossin der jungen Ehe-
leute Gahmuret und Herzeloyde, und nach Galmurets Abreise
wenigstens bis zur Geburt Parzivals bei Herzeloyden vor-
zustellen hat, s. Titurel 47; dass aber wahrscheinlich Sigune
und Schionatulander, nachdem dieser aus dem Orient zurückgekehrt war, Herzeloyden und den kleinen Parzival nach Soltane begleiteten oder sie dort besuchten wie in Albrecht's
Titurel 1123, und daselbst während der ersten Kindheit Parzivals das Waldabenteuer mit dem Brackenseil hatten, das mit
den Kämpfen Schionatulanders gegen die Brüder Lähelin und
Orilus in Beziehung steht, dann aber jedenfalls das Haus Herzeloydens verliessen, da Sigune und Parzival erwachsen sich nicht
kennen, III 138, 17 ff. Was es aber mit dem Brackenseil für
eine Bewandtniss hatte, erfahren wir erst aus dem Titurel 132 ff.,
aber auch aus diesem nichts Bestimmtes über das Local des
Brackenseilabenteuers und über die Kämpfe Schionatulanders.
— Im Parzival II 100, 2 ff. aber wird von Gahmurets und
Herzeloidens Ehe ganz kurz und flüchtig erzählt, über Sigune
und Schionatulander, ihre Hausgenossen, verliert der Dichter
kein Wort.

Andererseits erzählt der Titurel eine Menge Einzelheiten,
die wir im Parzival nicht vermissen, die aber nicht für den
Zweck des Titurel von Wolfram erfunden zu sein brauchen:
die Abstammung Sigunens und Schionatulanders, 13 ff. 38 ff.;
die kleine frühverwaiste Sigune kommt erst zu Tampunteire,
ihrem Oheim, 25, und wird dann schon von der jungfräulichen
Witwe Herzeloyde nach dem Tode ihres ersten Mannes Kastis,
s. Parzival IX 494, 15, aufgezogen, Titurel 29 — d. h. jetzt als

Frau dem Namen nach konnte sie das Kind ihrer Schwester
Schoysiane zu sich nehmen, — Schionatulander von Amphlisen,
38. 124 (Bartsch 129), von dieser erhält Gahmuret den Knaben
der ihm und Amphlisen die Dienste eines Liebesboten leistet 54. 96
(Bartsch 99), und führt ihn nach dem Orient 39. 40. Nachdem
Gahmuret von dieser ersten Fahrt zurückgekommen war und
Herzeloyden geheiratet hatte, lebten also Sigune und Schionatulander in Gahmurets und Herzeloydens Hause 47 und ge-
stehen sich ihre kindliche Neigung 48 ff. Bei seiner zweiten Reise
in den Orient nimmt Gahmuret seinen Knappen Schionatulander
wieder mit 75, Herzeloyde einer-, Gahmuret andererseits erfahren
die Neigung der Liebenden und billigen sie 85 (Bartsch 88) ff.,
108 (Bartsch. 111) ff. — Darnach müssen wir in der Parzival I
8, 2 entsprechenden Stelle der Quelle uns auch Schionatulander
unter den nur im allgemeinen erwähnten Knappen Gahmuret vorstellen, die ihn auf der ersten Orientfahrt begleiten. Hier und
I 12, 3, wo von den Geschenken Amphlisens an Gahmuret die
Rede ist, wird Kiot auch über die Abstammung und die kind-
lichen Thaten und Schicksale Schionatulanders, von seiner
Botenrolle zwischen Gahmuret und Amphlisen, berichtet haben,
während von Sigunens Geburt und Kindheit wohl im 11. Buche
erzählt worden sein wird, wo der Dichter uns mit Herzeloyden
bekannt macht, 84, 9 ff. Bei der zweiten Fahrt Gahmurets in
den Orient wird wieder Schionatulanders Begleitung erwähnt
worden sein, II 101, 21. Die Scene, in welcher Schionatulander
Gahmuret seine Liebe zu Sigunen gesteht, mag sich dann
an den Bericht von den Abenteuern Gahmurets im Orient
angeschlossen haben, der gewiss in der Quelle ausführlicher
als II 102, 21 und von Wolfram direct, nicht durch den
Mund des Meisterknappen Tampanis II 105, 13 dem Leser,
nicht nur Herzeloyden erzählt wurde. Unter den *kleinen junc-
herren ril*, die mit Tampanis zurückkommen, II 105, 3, haben
wir uns wieder Schionatulander zu denken. Bei der Geburt
Parzivals II 112, 5 muss auch die Taufe Parzivals erzählt und
die Anwesenheit Sigunens wenigstens vorausgesetzt worden sein,
da sie nachmals III 140, 16 ihm seinen Namen sagt, also die
Zeit seiner Kindheit im Hause Herzeloydens verbracht hat.

Das Spätere ist unklar. Aber gewiss stand in der Quelle,
wie lange Sigune bei der zum zweiten Mal verwitweten Herze-

loyde blieb, — nach dem Albrecht'schen Titurel verliess sie sie
alsbald mit Schionatulander, 1086, — wo die Waldscene mit dem
Brackenseil zu denken ist, in dem Walde von Soltane, wie in
Albrecht's Titurel bei einem Besuche den Sigune und Schionatulander Herzeloyden machen, 1123. 1137 — oder in einem
anderen; gewiss waren auch irgendwo die Angriffe Lählelins'
auf Parzivals Länder und ihre Vertheidigung durch Schionatulander, sowie der tragische Conflict dieses jungen Helden mit
Orilus erzählt worden. Wir dürfen nicht sagen: auch Kiot
hätte ja hier sich mit Andeutungen in den Reden Herzeloydens III 128, 4 und Sigunens III 141, 2 begnügen, der Phan-
tasie des Lesers freien Spielraum lassen können. Denn Wolfram
wollte ja einen biographischen Roman von Schionatulander
schreiben, Titurel 39, *dirre âventiure ein herre*, wie Parzival II 112, 17 *diss mœres sachewalte* genannt wird, wenn
auch nur zwei Capitel davon zu Stande gekommen sind. In
diesem Roman mussten doch nach seinem Plane alle die genannten Einzelheiten vorkommen. Freie Erfindung Wolframs
ist zwar möglich aber nicht wahrscheinlich.

Auch eine Notiz des IX. Buches des Parzival, 497, 23,
spricht dafür, dass Wolfram in II ausgelassen habe. Trevrezent
erzählt dort Parzival, dass er auf seiner Reise Gahmuret bei
dessen zweiter Fahrt nach dem Orient in Sevilla getroffen habe,
in dem Orte, den Gahmuret auf der Rückkehr von der ersten
Fahrt berührt hatte, I 54, 27. Im II. Buche 101, 21 ff. findet
sich kein Wort über die Einzelheiten von Gahmurets Reise,
noch weniger über eine Begegnung mit Trevrezent. Letztere im
Titurel zwar auch nicht, wohl aber die Angabe, dass Gahmuret
wieder den Weg über Sevilla genommen habe, 82 (Bartsch 84).

Die Ausscheidung des Schionatulanderstoffes aus der Vorlage des Parzival ist eine wahrscheinlichere Annahme als die
Existenz einer besonderen Quelle, s. oben S. 2. Allerdings gibt
es Widersprüche zwischen Parzival und Titurel: einen chronolo-
gischen, Liaze, in die sich der jugendliche Parzival zum Wohl-
gefallen ihres Vaters verliebt in III 175, 24 f., IV 179, 24. 188, 2.
195, 7, ist nach den Angaben des Titurel 126 (Bartsch 131)
seine Grosstante, Lucae, Anzeiger f. d. Alt. VI 155, — und einen
genealogischen: dass Kondwiramurs von Schoysianen aufgezogen
worden sei, nach Parzival XVI 805, 6, ist unter den Voraus-

setzungen von Titurel 18. 25 unmöglich. Schoysiane stirbt bei der Geburt Sigunens, zu der Zeit als Kondwiramurs noch ein Säugling also wenig älter als Siguno ist, mit der sie in Folge dessen bei ihrem Vater Tampunteire, der Sigunen zu sich genommen hat, aufwächst. Bei dem ungeheuren Personal und den verwickelten Verwandtschaftsverhältnissen, welche in der Parzivaltradition herrschen, die Wolfram vorlag, sind solche Irrungen so natürlich, dass man sich eher wundern möchte deren so wenige zu finden. Wolfram hat an der zweiterwähnten Stelle die Erziehung der verwaisten Siguno mit der Kondwiramurs verwechselt, die auch früh ihre Mutter verloren zu haben scheint, da immer nur von ihrem Vater Tampunteire die Rede ist, Titurel 25. Die Stelle Parzival XVI 805, 6 zeigt also vielmehr, dass in der Quelle, welche Wolfram zum Parzival benutzte, dieselben Thatsachen über die Parzival vorhergehende Generation mitgetheilt waren wie in seinem Titurel. Und wenn er in diesem 27 sagt *wie Gahmuret schiet von Belacânen und wie der werdecliche erwarp die swester Schoysianen und wie er sich enbrach der Franzoysinne, des wil ich hie geswîgen, und künden iu von magtuomlîcher minne*, so ist eine solche Ablehnung etwas hier zu erzählen, wenn man nicht zwei verlorene französische Percevale annehmen will, doch nur begreiflich, wenn in der Quelle, die Wolfram für den Titurel vorlag, dasselbe erzählt wurde, was Wolfram im Parzival berichtet, die Heirat zwischen Gahmuret und Herzeloyde.

VI 284, 10. Kunnewarens de Lalant Knappe hetzte die Ritter an Artus' Hofe auf den draussen haltenden Parzival: *er wolt im werben ungewin. sîn kurtôsie er dran verlôs. lât sîn: sîn frouwe was och lôs.* Aber wieso der Dichter Kunnewaren schalkhaft nennen konnte, ist nach allem, was sonst über sie berichtet wird, ganz unverständlich. Ihr Nichtlachen ist nicht etwa eine weibliche Laune. Orilus, ihr Bruder, sagt III 13 *Artûs, der mîne swester hât ze hûs, die siiezen Cunnewâren. ir munt kan niht gebâren mit lachen, ê si den gesiht, dem man des hœhsten prîses giht,* und 151, 13 *die enlachte decheinen wîs, sine sache in, die den hœhsten prîs hete od solte erwerben: si wolte ê sus ersterben.* Die Beurtheilung, wer diesen Preis verdiene, hängt offenbar nicht von ihrem freien Willen ab, sondern von einer prophetischen Stimme, die in ihr spricht. Wolfram muss demnach in seiner Quelle etwas gefunden und weggelassen haben, was die Bezeichnung *lôs* rechtfertigt. Man könnte einwenden, Kiot sei aus der französischen Litteratur etwas über Kunnewarens Schalkhaftigkeit bekannt gewesen, worauf er anspielte. Aber einmal kommt Kunneware in der uns bekannten Litteratur sonst nicht vor und es wäre unwahrscheinlich, dass Wolfram diese ihm unverständliche Anspielung in sein Werk aufgenommen hätte. VI 327, 21. Nachdem Parzival von Kundrien verwünscht, Gawan von Kingrimursel einer Unthat beschuldigt worden ist, beides an Artus' Hofe — *von Janfûse de heidenin, Artûs unt daz wip sin und Kunnewâre de Lalant unt frou Jeschute von Karnant die giengen dâ durch trœsten zuo.* VI 329, 1. — 336, 1 erfahren wir, dass die erstgenannte Ecuba hiess und aus dem Orient nach Europa und zu Artus gekommen war *durch mære unt zerkennen âventiure;* s. XV 761, 6. Vor VI 327, 21 war mit keinem Worte angedeutet worden, dass sie sich an Artus' Hof befand. Es ist sehr wahrscheinlich, das Wolfram ihre erste Erwähnung daselbst übergangen hat, um so mehr, als die letzte Stelle, an welcher er sie im VI. Buche nennt VI 336, 1, zu jenen zwei Dreissigern am Ende gehört, welche in den meisten Handschriften fehlen, also wahrscheinlich von Wolfram später hinzugesetzt worden sind; s. oben S. 11.

XII 626, 16. XIII 644, 21 ff. Wozu der Knappe, den Gawan vom Wunderschloss an Artus' Hof schickt, eher mit Ginover als mit Artus sprechen soll, ist ganz unklar. Wahrscheinlich war dies in der Vorlage deutlicher.

XII 616, 15. Nur aus dem Willehalm 279, 13 ist zu verstehen, wie Anfortas in den Besitz des reichen Waarenlagers kam: Secundille liebte ihn; s. auch Albrecht's Titurel 3152. Nach Parzival X 519, 19 ist sie blos neugierig ihn kennen zu lernen. Das Motiv für den Willehalm zu erfinden, lag gar kein Anlass vor. Aller Wahrscheinlichkeit nach stand es bei Kiot und ist von Wolfram im Parzival ausgelassen worden.

Die Freiheit Wolframs gegenüber der Quelle zeigt sich auch in anderer Anordnung. Hieher gehört die oben S. 22 besprochene Ausscheidung der Geschichte von Sigune und Schionatulanda, welche in einem besonderen Werke behandelt werden sollte. — Daselbst, Titurel 43, rechtfertigt es Wolfram, dass er Sigunen vor Schionatulander genannt habe, obwohl

dieser der Held des Romanes sei, 39. Hier hat entweder
Wolfram die Anordnung der Quelle eigenmächtig verlassen,
wofür er sich entschuldigt, oder er hat sie belassen, zeigt aber
durch die Rechtfertigung, dass er neben der Autorität der
Quelle auch andere Gründe für die Anordnung des Stoffes be-
rücksichtigte; s. oben S. 7.

Das Vorstehende bietet das Minimum von Wolframs
Selbstständigkeit gegenüber seiner Quelle, welches wir annehmen müssen. Besonders die Aehnlichkeit in der Darstellung,
des Parzival und Titurel einer-, des Willehalm andererseits, denen
doch so verschiedene Werke zu Grunde lagen, und aller drei
Werke mit den Liedern lässt darauf schliessen, dass sie grösser
war, als wir im Einzelnen nachweisen können.

Eine andere Graltradition als Kiot hat Wolfram nicht
gehabt. Die oben S. 14. 16 ff. bei Gelegenheit der Messer und
der Engel angeführten Legenden braucht er keinesfalls gekannt
zu haben.

II. Kiot und Crestien.

Nachdem man so das Werk Kiots wieder hergestellt hat,
durch Abzug alles dessen, was als Zusatz, Auslassung, Veränderung Wolfram angehört, gilt es Kiots Verhältniss zu dem
Crestien'schen Gralroman, d. i. in Potvin's Ausgabe 1283—
10601, der wie schon längst beobachtet mit dem Wolfram'schen
Werk entschiedene Verwandtschaft zeigt, zu bestimmen und
zu verstehen. Die vergleichbaren Partien sind Wolfram von
Buch III, das ist 116, 5, bis Buch XIII 648, 30.

Ueber die oft sehr ins Einzelne gehenden Uebereinstimmungen Kiots mit Crestien, sowie über die Abweichungen
beider Erzählungen, die grosse Menge von Angaben Kiots,
denen bei Crestien nichts entspricht, das viel kleinere Plus bei
Crestien gegenüber Kiot, gibt im Grossen und Ganzen genügende
Auskunft die Abhandlung Küpp's im XVII. Bande der Zeitschrift
für deutsche Philologie S. 1 ff. Nur muss man vom deutschen
Texte abziehen, was oben als Wolframisch bewiesen oder wahrscheinlich gemacht worden ist, und hinzudenken, was Wolfram
im Parzival weggelassen hat, zum Theil um es im Titurel an-
zubringen.

Die Aehnlichkeiten zwischen Kiot und Crestien sind so
gross, dass dreierlei möglich ist: 1) Crestien hat Kiot als Quelle
benutzt, 2) Kiot hat Crestien als Quelle benutzt, 3) Crestien und
Kiot sind parallele Ableitungen aus einer uns verlorenen Quelle.

1) Die Annahme dass Crestien das Werk Kiots oder eine
Ableitung desselben als Quelle vorgelegen sei, stösst auf erheb-
liche Schwierigkeiten. — Hier wie im Folgenden brauche ich
meist die Wolfram'schen Namensformen für Personen in Sachen,
die bei Crestien gar nicht oder anders benannt sind.

Während Crestien von dem namenlosen Liebespaar, das
bei Wolfram Sigune und Schionatulander heisst, nur erzählt,
dass Sigune, Parzivals Base, mit ihm von Herzeloyden erzogen
worden sei und dass L'Orguellens de la Lande ihren Geliebten
getödtet habe, 4643. 4774 ff. 5001 und in der Interpolation 5223,
war bei Kiot dieses Gerippe mit einer Fülle von lebendigen
Einzelheiten bekleidet, s. oben S. 22 ff., die in innigem Zusammenhang mit der Geschichte Parzivals selbst stehen : Orilus hat
auch Parzivals Oheim Galoes getödtet, Lähelin, Orilus' Bruder,
Parzivals Erbe, Waleis und Norgals, weggenommen. Die Geschichte des Liebespaares war ferner eng mit der Gahmurets
und Herzeloydens verbunden, wie in Wolframs Parzival I. II
und im Titurel erzählt ist, also mit Gahmurets zwei Orient-
fahrten, seinem Tod und Herzeloydens Aufenthalt in der Wildniss, wohin sie sich zurückzog, um Parzival vor den Gefahren
des Ritterthums zu bewahren, — mit Belakanen, Feirefiz, Ecuba,
s. oben S. 27, mit Tevrezent, s. oben S. 25, mit Amphlise, s. oben
S. 22. Feirefiz selbst wieder zieht die Person Secundillens, seiner
heidnischen Geliebten nach sich, die Kundrien und deren Bruder
Malkreatiure an Anfortas schickte, X 519, 2 ff., XV 781, 6, und
die seines Sohnes, des Priesters Johannes. — Lähelin, Belakane,
Feirefiz, Amphlise, Secundille kennt Crestien gar nicht, — der
Priester Johannes müsste hinter den Crestien'schen Theil des
französischen Gralromanes fallen, — und von L'Orgueilleus, Gah-
muret, Trevrezent, Kundrie, Malkreatiure nicht die erwähnten
Einzelheiten. — Die Geschichte, welche bei Crestien Herzeloyde
dem jungen Perceval von seinem Vater erzählt, ist ganz ab-
weichend und ungemein schlicht. Der Vater war in einem
Turnier schwer verwundet worden und zog sich mit seiner
Familie durch politische Umwälzungen verarmt in die Einsam-

keit zurück, um daselbst im Bette zu sterben, 1629 ff. Herzeloyde
hält ihren Sohn dann allerdings von ritterlichen Dingen ferne,
1528 ff., aber ihr Aufenthalt in der Wildniss ist nicht dadurch
motiviert.

Die Beziehung zum Orient zeigt bei Kiot auch Trevrezent,
Gahmurets Schwager, s. oben S. 20; sie treffen sich auf diesen
Reisen in Sevilla, IX 497, 23.

Zu dieser Gruppe von Begebenheiten, die sich an die
Personen Gahmurets und Schionatulanders anschliessen, kommt
bei Kiot eine zweite, in deren Mittelpunkt der Zauberer Klinschor steht. Bei Crestien ist Artus' Mutter Ygierne gestorben,
aber auf übernatürliche Weise mit ihrer Tochter, der Mutter Gawans, die auch starb, nach ihrem Tode aber noch eine Tochter,
Clarissans, zur Welt brachte, mit der sie sterbend schwanger
ging, in ein fernes Land gezogen, wo sie sich von ihren mitge-
nommenen Schützen ein zauberhaftes Schloss, La Roce de
Sanguin 10018, 10186, durch einen weisen Astronomen bauen
liess, dessen Abenteuer, das ist vornehmlich das Wunderbett, nur
ein Tapferer und Guter bestehen kann. Dort versammelt sie
um sich eine Menge alter und junger Knappen, Witwen und
verwaiste Jungfrauen, 8890 ff., 10101 ff. Am Thore des Zauber-
schlosses droht dem Besucher durch einen reichen Wechsler
Gefahr, 9034. Bei Kiot ist es der zauberkundige Priester
Klinschor, der nach seiner unglücklichen Liebesgeschichte mit
Iblis das Wunderschloss Schastel marveile mit dem Wunderbett Lit marveile und der Secundillen in Thabronit gestohlenen
Wundersäule, die alles zeigt, was in der Umgebung geschieht,
XII 589, 10. 590, 5. 591, 1 ff. XV 759, 21 ff. gebaut, XIII 658,
15 ff., und dahin die auch Crestien bekannten Damen entführt
hat. Nur heissen sie Arnive für Ygierne, Itonje für Clarissans,
die bei Crestien nicht genannte Mutter Gawans heisst Sangive
und Clarissans hat noch eine Schwester, die den Namen der
Gralbotin Kundrie führt, VI 318, 16. 334, 4 ff., XI 577, 16. Zu
diesen vier gefangenen Klinschors sind nach und nach immer
mehr Ritter und Frauen gekommen, XII 617, 10. Dieser Klinschor, der bei Crestien nur einmal in der Rolle eines in den
Diensten Ygiernes beschäftigten Astronomen vorkommt, ist bei
Kiot eng mit der Geschichte Gramoflanz' und Orgelusens —
Guiromelans und der Orguellouse de Logres bei Crestien —

verflochten. Orgeluse nämlich, die sich an Gramoflanz für den Tod ihres Geliebten, Cidegast, rächen wollte, hat von Anfortas Dienste, die dem Gralkönig zu leisten nicht geziemten, IX 478, 9, und dann das kostbare aus dem heidnischen Thabronit stammende, XII 616, 15, Waarenlager, mit der Harfe Secundillens XII 623, 20 und den Knappen Malcreatiure angenommen, X 519, 27. Diesen mit Kundrien und den Kostbarkeiten hatte er selbst von der nach Willehalm 279, 13 in ihn verliebten Secundille erhalten, X 519, 5 ff. Als Anfortas in diesem unheiligen Dienst von einem Heiden mit der seit der Zeit auf der Gralburg aufbewahrten und zu seiner Heilung verwendeten Lanze schwer verwundet, IX 479, 3, ihr nicht mehr dienen konnte, schenkte sie das Waarenlager zur Hälfte Klinschor, dessen Kaufmann am Thore der Wunderburg damit Handel treibt — Crestien's Wechsler — und auch Gawans Pferd in Verwahrung nimmt, XI 564, 11, damit Gramoflanz durch Klinschors Zauber seinen Tod finde; aber ihr Unternehmen misslingt, XII 605, 29. Anfortas wird durch Parzivals Frage von der Krankheit, der Folge seiner Sünde, geheilt und lebt als Templeise fort, XVI 819, 16. Von Orgelusens Liebesverhältniss mit Anfortas — Anfortas' Sünde — ihrer Beziehung zu Klinschor, dem Astronomen Ygiernes, weiss Crestien nichts. Der Fischerkönig ist bei ihm ganz unschuldig und in einer Schlacht, nicht in einem Zweikampf, mit einem *gaverlot*, nicht mit einer Lanze verwundet worden, 4690. Die Lanze auf der Gralburg hat bei Crestien gar nichts mit der Wunde oder der Heilung des Gralkönigs zu thun. Dieser wäre bei ihm nach der Heilung durch die Frage nach dem Gral und der Lanze wahrscheinlich gestorben; s. meine Gralromane 62.

Dieses Klinschormotiv ist mit dem von Gahmuret-Schionatulander verbunden. Nicht nur ist Klinschor um Zauber zu lernen in die Stadt Persida gezogen, XIII 657, 28, die doch wohl im Orient zu denken ist, wo Gahmuret seine Beziehungen hat, sondern auch die Wundersäule in seinem Wunderschloss stammt von Thabronit, dem Lande Feirefiz', und ist der Königin Secundille — wahrscheinlich von Klinschor — gestohlen worden, XII 589, 10, s. oben S. 30. Ebenso war die Harfe des Waarenlagers, das Orgeluse von Anfortas bekommen hatte, früher Eigenthum dieser Geliebten Feirefiz', die selbst Anfortas liebte,

s. oben S. 30, und das ganze Waarenlager stammt von Thabronit s. oben S. 30.

So wie das Gahmuret-Schionatulander-, so ist auch das Klinschormotiv bei Kiot mit dem diesem und Crestien gemeinsamen Gral-Percevalmotiv verknüpft, und zwar durch die Gralbotin Kundrie. Crestien's Gralbotin dagegen erzählt gar nichts von dem ‚Wunderschloss‘, sondern von dem *Castiel Orguellos*, 6067, wo sie noch Abends sein will und vom *pui ki est sor Montesclaire*, 6084. Bei Kiot aber verweist sie direct auf das Wunderschloss mit den vier Königinnen, wo sie ebenfalls noch an demselben Tage sein will, VI 318, 16.

Wir haben also bei Kiot zwei mit einander und mit dem Motiv Gral-Perceval verknüpfte Vorstellungsreihen, welche Crestien, wenn er sie in seiner Quelle gefunden hätte, nur durch einen ungewöhnlichen Aufwand an consequentem Denken an den verschiedensten Stellen seines Werkes hätte weglassen müssen, um sich dadurch einer Menge glücklicher Effecte und verständlicher Zusammenhänge und Motivirungen zu berauben. Man darf nicht sagen: hat doch Wolfram den Stoff für den Schionatulander aus verschiedenen Theilen seiner Vorlage ausgeschieden. Diese verschiedenen Theile ergeben eine selbständige Geschichte, und Wolfram hatte die Absicht eine solche zu schreiben. — Auch der Sir Perceval hat, wenn er, wie ich glaube, die Quelle Crestien's voraussetzt, aus dem Stoff der Wolfram'schen Bücher III—V nur das Gralmotiv und die Begegnung mit Sigune weggelassen, Motive die nur an einer Stelle vorkommen, das Folgende aber so frei gedichtet, dass man gar nicht sagen kann, er habe auch daraus den Stoff von IX und XV. XVI, wo wieder der Gral vorkommt, ausgeschieden.

Es ist auch nicht glaublich, dass Crestien, wenn er in seiner Quelle fand, dass Lähelin, Orilus' Bruder, während Parzivals Kindheit zwei Länder von dessen Erbe weggenommen habe, dies nicht verwendete, um sein Motiv von der Verarmung der Familie Percevals zu begründen, statt durch die Krankheit von Percevals Vater und die politischen Umwälzungen nach Uter Pendragons Tod, 1632 ff., dass er den Aufenthalt in der Wildniss nicht mit Herzeloydens Angst vor der ritterlichen Zukunft Percevals in Beziehung setzte, dass er den Hinweis Kundriens auf das Wunderschloss, dessen Abenteuer bei ihm doch eine

ebenso grosse Rolle spielen als bei Wolfram, wegliess, — dass
er den schönen pragmatischen Zusammenhang von Anfortas'
Sünde mit seinen Leiden, der Lanze, die ihn verwundet hat,
mit seiner Heilung aufgab, nicht zu Gunsten der Vorstellung
von der heiligen Lanze des Longinus, denn das wusste er wohl
nicht mehr, sondern eines heiligen mit dem Gral irgendwie
verbundenen Gegenstandes, der auch, wohl nach keltischer
Tradition, in Beziehung zu Frieden oder Krieg stand, s. meine
Gralr. 5. 9 f., — dass er den in ganz unbestimmter Weise
als gefährlich bezeichneten Wechsler am Thore der Wunderburg, s. die Wechselbuden in Escavalon 6694. 7138, statt des
mit dem Erbauer des Wunderschlosses und Orgelusen in Verbindung stehenden Kaufmanns, der Gawans Pferd übernimmt,
einführte, — dass er die Wundersäule auf dem Dach mit
unverständlichen Fensterscheiben vertauschte, die gar keine
Verwendung finden, 9082 *El cief de desus ot verrières, Si clères
qui garde i préist Que parmi de l'une véist Tous ceus qui el
palais entrassent Et parmi la porte passassent.* Während bei
Kiot Gawan, XII 592, 21, Orgelusen mit ihrem Begleiter in der
spiegelnden Säule reiten sieht, erblickt er sie bei Crestien 9656
As feniestres d'une tornièle.

Aber auch in anderen Fällen ist es schwer denkbar, dass
Crestien von seiner Quelle abgewichen sei, wenn sie die bei
Kiot erscheinenden Einzelheiten hatte. So bei der Locali-
sierung des ganzen Romanes in Frankreich statt in England,
mit Anjou und Valois als Heimat und Erbe Parzivals und
Nantes als Residenz Artus', sonst nur Lacs und Erecs, s. Crestiens
Erec 6553. 6562. 6584. 6865. Das ist allerdings bei Kiot nicht
streng durchgeführt: neben Nantes z. B. III 144, 8. VI 280, 2
erscheint auch das britische Karidoel, s. Zimmer, Göttingische
gelehrte Anzeigen 1890, S. 525, d. i. Crestiens Carduel 1548,
und Dianazdrun IV 216, 7. VIII 432, 19. X 525, 13, d. i.
Crestiens *Dinaderon*[1] *en Gales*, 3908. 3929. Crestien aber
hat nur britische Orte: ausser dem erwähnten Dinaderon und
Carduel auch Carlion, 5381. 5533, während man doch meinen
sollte, dass einem französischen Dichter, selbst wenn er nicht
die Absicht hatte das Haus Anjou zu verherrlichen, das fran-

---

[1] Das oben S. 17 erwähnte Dinastarar?

zösische Local erwünscht gewesen wäre. An der Inconsequenz
hätte sich Crestien nicht gestossen, der ja im Löwenritter die
Helden von Artus' Hof ihre Abenteuer im bretonischen Walde
Breciljant bestehen lässt. S. auch oben S. 13 über Logrois
und Löver.

Hätte ferner Crestien in seiner Quelle bei dem Gespräche
Percevals mit Sigunen gefunden, dass Perceval von seiner Mutter
nur *bon fiz, schier fiz, bêâ fiz* genannt wurde, Wolfram III 140, 6,
s. meine Gralr. 24, und deshalb seinen wahren Namen nicht
weiss, wodurch aber Sigune sofort erräth, dass sie ihren Vetter
vor sich hat, mit dem sie, als er noch ein kleines Kind war,
im Hause seiner Mutter, ihrer Tante, zusammen gewohnt hatte,
so wäre er nicht auf den wunderlichen Einfall gerathen, Perceval seinen eigenen Namen errathen zu lassen, 4749. —
Nach 5225 erräth Sigune ebenfalls, dass der Knappe des
Fischerkönigs des Schwertes wegen gekommen ist, in einer wie
ich glaube interpolierten Stelle, die nur in der Handschrift von
Mons vorkommt; s. meine Gralr. 17.

Die Kraft des Grals Speisen zu geben, und zwar, welche
man will, hätte Crestien sich kaum entgehen lassen, Wolfram
V 238, 8ff., IX 438, 29. XVI 810, 4.

Von dem Schwerte, das der Fischerkönig Perceval schenkt,
wird bei Crestien prophezeit, dass es einmal brechen werde,
4318. 4837. In Crestiens eigenem Werke, soweit es vollendet
ist, kommt dies Brechen wahrscheinlich nicht vor, s. meine
Gralr. 17, wohl aber in Wolframs Parzival, wo die Prophezeiung von V 254, 3 sich IX 434, 25, also innerhalb des Crestien
entsprechenden Theiles, erfüllt. Wie sollte Crestien durch Weglassung dieses letzten Berichtes seine Prophezeiung Lügen gestraft
haben? Er müsste denn ein Schwertbrechen unter anderen
Umständen für einen späteren Theil seines Werkes, den er nicht
mehr ausführte, aufgespart haben; s. meine Gralr. 17.

Die Abenteuer Gawans mit Obilot, Gawans mit Antikonie,
Wolfram VII. VIII, haben bei Crestien keinen Abschluss, es
fehlt die Versöhnung Melianz' mit Obien, Wolfram VII 396, 1 ff.,
und die Versöhnung Gawans mit Vergulaht, dem König von
Ascalon, und Kingrimursel, X 503, 1 ff. Das hätte Crestien
nicht ausgelassen, wenn es sich auch begreift, dass ursprünglich diese Abenteuer, da sie mit Gawans Schicksalen nur in

sehr loser Beziehung stehen, eines solchen Schlusses entbehrten,
wie im Didot'schen˙ Perceval, im Peredur wo c. 27, Loth
S. 101 ausdrücklich erklärt wird, die Quelle gebe nichts
weiter über den Ausgang des Conflictes zwischen Gawan und
Vergulaht.

Bei Crestien findet sich die Schwierigkeit, dass von den
zwei Fragen, welche Perceval auf der Gralburg unterlassen hat,
wen man mit dem Gral bediene, und warum die Lanze blute,
die erste für den Leser wie für Perceval durch Trevrezent
beantwortet wird, der Held sie aber doch noch bei seinem
zweiten in Aussicht genommenen Besuch auf der Gralburg
stellen soll, s. meine Gralr. 12. Diese Schwierigkeit hätte
Crestien umgehen und zugleich für die Frage einen sittlichen
Charakter gewinnen können, — in Uebereinstimmung mit seiner
Auffassung von der Sünde Percevals durch die Verschuldung
an seiner Mutter, 4767. 7764, — wenn er sich der Veränderung
der Frage bedient hätte, die wir bei Kiot finden: statt der Er-
kundigungsfrage nach Gral und Lanze, die eine Antwort fordert,
die Mitleidsfrage *œheim, waz wirret dir?*, die keine solche
braucht. Diese kommt bei Kiot nicht erst am Schlusse, als Parzival das zweite Mal auf die Gralburg gelangt, vor, XVI 795, 29,
sondern ist schon IX 473, 13 ff. in der Rede Trevrezents vor-
bereitet, einer Partie der Erzählung, welche Crestien auch hat.
Bei Kiot erzählt Trevrezent Parzival von jenem Ritter, der
auf der Gralburg nicht gefragt habe, ohne zu wissen, dass es
derselbe ist, der vor ihm steht: *der selbe was ein tumber man
und fuorte ouch sünde mit im dan, daz er niht zem wirte
sprach umben kumber, den er an im sach. ich ensol niemen
schelten: doch muoz er sünde engelten, daz er niht vrâgt des
wirtes schaden. er was mit kumber sô geladen, ez enwart nie
erkant sô hôher pîn.* Dann nachdem Parzival sich als jenen
Unseligen zu erkennen gegeben hat, IX 488, 26 *dô dir got
fünf sinne lêch, die hânt ir rât dir vor bespart. wie was din
triuwe von in bewart an denselben stunden bî Anfortas wunden.*
Während vorher ein Schwanken zu bemerken ist: Erkundigungs-
frage in den Worten Sigunens bei Parzivals drittem Besuche, IX 441, 1—30, Mitleidsfrage in Kundriens Fluchrede,
VI 315, 26 ff. *dô der trârge rischœre saz âne vröude und âne
trôst, warumb iren niht siufzens hât erlôst. Er truoy iu vür*

3*

den jâmers last, — sin nôt iuch solte erbarmet hân, — aber 316, 26
motiviert sie doch ihren Vorwurf so: *ir säht ouch für iuch tragen
den grâl, und snident silber und bluotic sper,* — Erkundigungs-
frage bei Parzivals zweitem Zusammentreffen mit Sigunen nach
seinem ersten Besuch auf der Gralburg, V 239, 8 ff. 240, 3 ff.
247, 29. 254, 30. 255, 4, aber 255, 17 *iuch solt iur wirt erbarmet
hân, an dem got wunder hât getân, und het gerrâget siner nôt,* 256, 1
Daz er vrâgens was sô laz, do'r bi dem trûregen wirte saz. —
V 240, 5 wie IX 501, 2 war das Geschenk, welches der Gralkönig Parzival mit dem Schwerte machte, eine Mahnung zur
Frage. Aber es ist unklar ob der Dichter meinte, dass eine
solche Freundlichkeit des Kranken den Gast zu einer theil-
nehmenden Frage veranlassen sollte.

Vergulaht, der König von Ascalon, ist auch nach Crestien
schön wie Absalon, 6170. 7094 — s. Raouls Meraugis de Portles-
guez S. 3, der König von Cavalon ist schöner als Absalon *Si
come tesmoigne li Greaus;* — bei Kiot aber wird das durch
seine Abstammung von der Fee Terdelaschoie, d. i. Morgane,
s. oben S. 12, erklärt, VIII 400, 6 ff. Im Merlin, Fortsetzung
Huth ed. G Paris II 168, ist Acalon chevalier de Gaule Geliebter der Fee Morgane, spielt also eine Rolle, die sonst Guin-
gamors zukommt, Crestien's Erec 1954, Hartmann's Erec 1930.

Bei Crestien 7491. 7538. 7561 erhält Gawan von Vergulaht den Auftrag, die heilige Lanze zu suchen. Hätte Crestien die Motivierung aufgegeben, die wir bei Wolfram finden,
dass nämlich Vergulaht selbst vorher Parzival gegenüber sich
dazu hatte verpflichten müssen? VIII 418, 16. 425, 23. 428, 29.
X 503, 22. Nur handelt es sich bei Wolfram um den Gral.

Nach Crestien soll der Conflict zwischen Gawan und Vergulaht, dem König von Ascalon, dadurch beigelegt werden, dass
Gawan die heilige Lanze suche und ein Jahr nach der Verabredung sich zum richterlichen Zweikampf mit Kingrimursel
einstelle, 7491. 7538. 7561. -- Bei Kiot soll Gawan den Gral
suchen und ebenfalls nach einem Jahre den Zweikampf mit
Kingrimursel ausfechten, VIII 418, 9 ff., 425, 23. 428, 24. Das
Motiv, die Suche nach der Lanze und der Zweikampf oder die
Beilegung des Conflicts, kommen bei Crestien nicht mehr vor,
wohl aber bei Wolfram, X 503, 5 ff. Bei der Zusammenkunft
der Gegner zur anberaumten Zeit stellt sich Gawans Un-

schuld heraus, der Zweikampf unterbleibt, aber Gawan und Vergulaht ziehen jeder auf eigene Faust davon, um den Gral zu suchen. — Bei Crestien herrscht entschieden Unklarheit. Man erwartet das Resultat von Gawans Suche nach der Lanze und von seinem Zweikampf zu hören. Die Verschiedenheit von Kiots Bericht erklärt sich am leichtesten durch die Annahme, dass Crestien die sorglose Composition der Quelle beibehalten, Kiot aber die Lücke durch eine Erfindung ausgefüllt habe, die sich Crestien nicht hätte entgehen lassen, wenn sie ihm vorgelegen wäre. Die Erfindung besteht in der Versöhnung Gawans und Vergulahts, nach dem allerdings dürftigen Bericht X 503, 5 ff., s. oben S. 9 und in der Ersetzung der Lanze durch den Gral. Letzteres ist entschieden geschickt, denn das enthebt den Dichter der Verpflichtung im weiteren Vorlauf der Erzählung auf das doch nebensächliche Unternehmen Gawans zurückzukommen. Durch die Ernennung Parzivals zum Gralkönig wird die Suche Gawans gegenstandslos, was man nicht so unbedingt sagen könnte, wenn ihr Object die Lanze war. Doch hängt dies wohl mit der Umformung der Lanze bei Kiot, von der oben S. 31. 33 die Rede war, zusammen. Sie ist ja bei ihm nicht mehr ein heiliger, dem Gral gleichwerthiger Gegenstand,[1] der gesucht werden kann, sondern die heilende Lanze eines Heiden, mit der Anfortas verwundet worden war.

Die Eigenthümlichkeit von Gawans Suche nach dem Gral bei Kiot, dass die Aufgabe auf eine Verpflichtung Vergulahts gegenüber Perceval, dem Helden des Romanes, zurückgeht, Kiot VIII, ermöglicht die Anwesenheit Percevals bei den Kämpfen Gawans im Dienste Obilots, Kiot VII, und die Berichte über Perceval durch den Führmann und Orgelusen, Kiot X ff., so dass der Dichter und der Leser den eigentlichen Helden nie ganz aus dem Gesicht verliert, ein künstlerischer Vorzug, den Crestien wohl gewürdigt und beibehalten hätte.

2) Aber auch Crestiens Perceval oder eine Ueberarbeitung desselben, als Quelle für Kiot gedacht, ergibt keinen wahr-

---

[1] Der Wechsel von Lanze und Gral bei Crestien und Kiot zeigt deutlich, dass die Lanze ein dem Gral nahverwandter christlicher heiliger Gegenstand ist, wenn vielleicht auch die Quelle sie nicht mehr als die des Longin bezeichnete und Crestien dies nicht mehr wusste und sie mit einer anderen Lanze contaminierte; s. meine Gralr. 9.

scheinlichen Zusammenhang. Denn auch hier finden wir eine Reihe von Zügen bei Crestien, von denen man es sich schwer vorstellen kann, dass Kiot oder ein ihm vorangehender Bearbeiter Crestien's oder Wolfram sie weggelassen oder umgeformt hätte.

Die bei Crestien an drei Orten vorkommende Erklärung, warum der Hof Artus' sich gegenüber der Beleidigung und Herausforderung von Seiten des rothen Ritters vom Walde Kinkerloi, Kiot's Ither von Gahevicz, so hilflos zeigte, hätte Kiot doch nur willkommen sein können. Einen Helden wie Gawan kann die Quelle sich unmöglich zu jener Zeit als anwesend gedacht haben, wenn das auch die Meinung des englischen Dichters ist, Sir Perceval 513. Die Quelle hat hier wahrscheinlich geschwiegen. Das forderte zu einem Einschub auf, den Crestien, wie ich glaube, aus einer anderen Erzählung entnahm. Nach ihm waren die Ritter in Folge des Krieges Artus' mit Rion, dem König der Inseln, jenem, der den anderen Königen die Bärte abfordert, abwesend, 2046. 2144. 5464. Die Anspielung ist allerdings undeutlich.

Ein Element des Rachemotivs, dass das Schwert, welches der Fischerkönig Perceval schenkt, ihm von seiner Nichte geschickt wird, wäre in einer Ableitung Crestien's kaum so reinlich ausgeschieden worden, da es an zwei Stellen erscheint, 4308 ff. in der Erzählung des Dichters, 4838 ff. in dem Bericht Percevals an Sigunen. S. oben S. 34. — In Bezug auf die Erwähnung der Kriege 6048 ff. aber, welche in Folge der unterlassenen Frage entstehen und Verwüstung des Landes zur Folge haben werden, auch ein Element des Rachemotivs, wird unten gezeigt werden, dass es in Crestien's und Kiot's Quelle vorhanden war.

Auffällig wäre noch, dass Kiot die Ermahnungen Herzeloydens, Gurnemanz', Trevrezents zum Kirchenbesuch weggelassen hätte, Crestien 1761. 2855. 7816, — ebenso das geheimnissvolle Gebet, welches Trevrezent Parzival ins Ohr sagt, 7855. Doch könnte hier allenfalls eine unbewusste Abneigung gegen die officiellen Formen des Christenthums bei Kiot oder Wolfram im Spiele sein.

Aber die Ernährung des Vaters des Fischerkönigs nur durch eine Hostie, 7799, hätte derjenige kaum entfernt, der die Beziehung des Grals zur Eucharistie kannte: Wolfram IX

470, 3, die Taube welche die Oblate auf den Gralstein legt; s. meine Gralr. 7. 8.

Dass nur ein tugendhafter, nicht blos tapferer Ritter ins Wunderschloss gelangen könne, Crestien 8915, bildet eine Parallele zu den Eigenschaften der Gralburg. Es ist schwer zu verstehen, warum sie aufgegeben worden wäre. Die oben S. 33. 34 besprochenen Missverständnisse Crestien's gegenüber seiner Quelle in Bezug auf Percevals Namen, die Glasfenster oder die Säule auf der Wunderburg und vielleicht den Wechsler vor derselben würden, Crestien als Quelle Kiot's angenommen, zu der unwahrscheinlichen Folgerung drängen, dass Kiot diese Irrthümer seiner Vorlage erkannt, verbessert und dabei das alte Richtige wieder hergestellt habe. — Dazu kommt Obilot: Crestien 6364 *Avoec l'aisnée fu la menre Qui si cointement se vestoit De mances, qu'apelée estoit La pucièle as mances petites.* Aber der Witz der ganzen Episode bei Crestien und Wolfram ist, dass Gawan ein kleines Mädchen, ein Kind, nicht einen Backfisch, wie oft gesagt wird, als erwachsene Dame behandelt, in ihren Dienst tritt und für sie Ritterthaten verübt. Da sie ein Kind ist, waren natürlich ihre Aermel klein, also die Kleinheit keineswegs ein besonderes Kennzeichen für sie. In der Quelle werden ihre kleinen Aermel, die sie Gawan wie eine Erwachsene geben wollte, erwähnt worden sein und Crestien hat das missverstanden. Wenn Kiot Obilot nicht die Jungfrau mit den kleinen Aermeln nennt, so hat er das Richtige bewahrt, nur hat er oder Wolfram diese kleinen Aermel überhaupt weggelassen. Auch hier wäre Crestien als Quelle Kiot's schwer denkbar.

Kiot verliert zwar, wie oben S. 37 gesagt, Parzival während der Abenteuer Gawans in VII. VIII nicht aus den Augen: trotzdem lautet der Anfang von IX, als ob von Parzival, wie bei Crestien, seit VI nicht mehr die Rede gewesen wäre, IX 433, 14. 434, 4.

Auch ist es unwahrscheinlich, dass Kiot für ein Werk, das entweder der Gralroman des berühmten Crestien oder eine Ableitung davon war, seine fabelhafte Quellengeschichte, s. oben S. 2. 76 und unten, erfunden habe; eher für ein anonymes Werk.

Dieses ist demnach, wie schon San Marte und Küpp erklärt haben, Zeitschrift für deutsche Philologie XV 385. XVII 1 ff., als die Crestien wie Kiot gemeinsame Quelle zu betrachten, als das Buch, welches Crestien von dem Grafen Philipp von Elsass, Flandern und Artois erhalten hatte. Ihr fehlte alles was oben S. 29 ff., 37 ff. unter 1) und 2) als Kiot und Crestien eigenthümlich betrachtet wurde, dagegen hatte sie jene Angaben, welche nach oben S. 33. 34. 39 Crestien Anlass zu Missverständnissen gegeben haben.

Schon aus den unter 1) und 2) angeführten Umständen ergibt sich, dass Crestien die Quelle viel treuer bewahrt hat als Kiot.

Zum Theil geht dies auch aus der Sagenform und den Erzählungsmotiven hervor, die, wo Kiot und Crestien abweichen, bei ersterem ein jüngeres Stadium der Entwicklung verrathen. Die Punkte sind meist schon oben S. 38 ff. hervorgehoben worden. Nur kommen jetzt noch einige hinzu, die nicht zum Beweise dienen konnten, dass Crestien's Quelle nicht Kiot gewesen sei.

Kiot-Wolfram I bis XVI. Das theilweise französische Local bei Kiot, s. oben S. 33, beruht auf Weiterbildung der von Haus aus britischen Sage.

Kiot-Wolfram I. II. Die Geschichte Gahmurets mit ihrer reichen Abenteuerlichkeit gegenüber der sehr schlichten, welche Crestien von Percevals Vater erzählt. Auf Gahmuret ist, wie Martin, Zur Gralsage 18 gezeigt hat, ein Motiv übertragen worden, der mit einer Mohrin erzeugte Sohn, das sich erst an Perceval, dann an dessen Bruder Agloval angeschlossen hatte.

Kiot-Wolfram II. In Bezug auf das Klinschormotiv, oben S. 30, lässt es sich leichter vorstellen dass ein Dichter oder Erzähler, dem eine Sagenform bekannt war, nach welcher ähnlich wie bei Crestien die Mutter König Artus' und ihre schwangere Tochter sterben und dann von Gawan in einem Wunderschloss gefunden werden, dies in rationalistischer Weise zu einer Entführungsgeschichte umgewandelt, als dass jemand den umgekehrten Weg eingeschlagen habe. Deshalb werden auch andere damit zusammenhängende Unzukömmlichkeiten auf jüngeren Ursprung weisen. So die seltsame Angabe bei Kiot VI 334, 16, dass der Grieche Klias an Artus' Hofe von den vier Damen auf dem Wunderschloss berichtet, sie mit Namen nennt Arnive, Sangive, Itonje, Kundrie, ohne dass Artus davon etwas erfährt, während ihn diese Nachricht doch auf das

Höchste interessieren musste. Auch die zwei Kundrien, die Gralbotin, VI 318, 24, und Gawans und Itonjes Schwester, welche mit dem Wunderschloss in Beziehung stehen, fallen auf; s. oben S. 30. 32. Kiot-Wolfram II. III. Ebenso zeigt sich das Schionatulandermotiv in einem vorgeschrittenen Stadium gegenüber der Erzählung bei Crestien, s. oben S. 29, die selbst aber doch schon näher mit der Geschichte Percevals verknüpft ist als die Episode von Hurganet im Didot'schen Perceval S. 429 ff. Weder Hurganet noch seine Geliebte sind im Prosaroman mit Perceval verwandt, der Mörder Hurganets ist zwar auch L'Orguellous de la Lande, und Veranlassung des Conflictes ist ein Zelt, also eine unbedeutende Sache wie das Brackenseil, aber von einer Jeschute, der Percevals wegen so übel behandelten Frau des Orguellous, ist keine Rede, und Hurganets trauernde Geliebte ist nicht dieselbe trauernde Jungfrau, welche Perceval wegen der unterlassenen Frage verwünscht, 466. Zudem scheint die ganze Episode von Hurganet ein fremdartiger Zusatz; s. meine Gralr. 121. — Bei Crestien und Kiot ist Sigune Parzivals Base, bei Kiot aber noch überdies Schionatulander Parzivals Vetter, und Orilus hat nicht nur Schionatulander sondern auch Parzivals Oheim Galoes getödtet, III 134, 24, s. II 80, 28, wovon weder Herzeloyde noch Sigune Parzival etwas sagen, obwohl sie von dem Unrecht erzählen, das Parzival von den Brüdern Orilus und Lähelin, welchen letzteren Crestien auch nicht kennt, erlitten hat, III 128, 3 ff., 141, 6 ff. Parzival will auch Rache an ihnen nehmen, III 128, 11. 141, 27. Und trotzdem wird die Besiegung Orilus' durch Parzival, V, nicht als Rache für persönlich erfahrene Unbill dargestellt sondern geschieht nur zur Ehrenrettung Jeschutens. Auch behält Lähelin die Parzival geraubten Länder Waleis und Norgals. Nur XVI 803, 22 findet sich ein Hinweis, dass einst Kardeiz, der Sohn Parzivals, wenn er herangewachsen wäre, Kanvoleiz die Hauptstadt von Waleis und anderes Gebiet Gahmurets erobern sollte, *der betwanc och sider Kanroleiz und cil des Gahmuretes was.* S. oben S. 29. Auch bei Crestien ist es ja auffällig, dass Perceval bei der Besiegung des Orgueilleux de la Lande sich nicht zu erinnern scheint, dass dieser den Geliebten seiner Base getödtet hat, aber die Inconcinnität ist bei Kiot bedeutend grösser. Sie erklärt

sich am leichtesten durch unbedachte Einführung eines neuen
Motives.

Kiot-Wolfram III. Bei Crestien findet sich nur eine Begegnung Percevals mit Sigunen nach Percevals erstem Besuch
auf der Gralburg, bei Wolfram dieser und noch zwei andere,
in III. V. IX, im jüngeren Titurel sogar vier, Lachmann,
Wolfram von Eschenbach XXV, Str. 5068. 5178. 5417. 5773.
Dabei sagt Sigune Perceval bei Kiot zweimal, dass sie seine
Base sei, III 140, 22. V 252, 15, und während sie V 251, 28 ihn
an der Stimme erkennt, muss er IX 440, 24 erst den Helm
abnehmen um von ihr erkannt zu werden; s. Küpp, Zeitschrift
für deutsche Philologie XVII 67. Das könnte auf spätteren Einschub deuten: doch meint der Dichter vielleicht, Sigune habe
nach fünf Jahren die Stimme Parzivals vergessen; s. meine
Gralr. 167 Anm.

Kiot-Wolfram V. Die Frage Parzivals ist erst eine Er-
kundigungsfrage, dann eine Mitleidsfrage; erst handelt es
sich um Gral, Lanze, Messer, dann um Anfortas' Befinden; s.
oben S. 35.

Kiot-Wolfram V. Die Lanze auf der Gralburg ist wie
oben gezeigt S. 31. 33 in pragmatischem Zusammenhang mit
den Leiden und der Schuld Anfortas, eine offenbar junge und
geschickte Verbindung ursprünglich getrennter Motive. Dadurch
aber ergeben sich Unzukömmlichkeiten. Das Herumtragen
dieser Lanze ist sinnlos. Denn sie ist bei Kiot nicht wie
bei Crestien ein heiliger Gegenstand, der sich gut in die
Gralprocession einfügt: s. meine Gralr. 9, sondern die Waffe,
mit welcher Anfortas verwundet worden ist und die zur Stillung
der Schmerzen auf die Wunde gelegt, oder wenn die Schmerzen
sich durch die Constellation des Saturnus steigern, wie dies zur
Zeit von Parzivals erstem Besuch auf der Gralburg der Fall
war, in dieselbe hineingestossen wird. Nur dadurch ist die
Lanze blutig, IX 479, 26. 489, 29. 490, 2. 492, 28.

Unter diesen Voraussetzungen ist auch die Stärke der
Blutung unverständlich, V 231, 20 *an der snîden huop sich pluot
und lief den schaft unz ûf die hant, deiz in dem ermel wider-
want.* Das glaubt man nur von einer heiligen oder zauberhaften
Waffe, s. oben S. 33, wie der Lanze des Longinus oder einer
mythologischen, märchenhaften.

Ebenso wenig passt zu Kiot's Vorstellung der Jammer, welcher sich beim Herein- und Umhertragen der Lanze erhebt, V 231, 16. 23. IX 492, 18. 493, 10. Die Lanze wurde ja hereingebracht um die Leiden des Gralkönigs zu sänftigen, s. oben S. 30. 33. 42, nicht um an die Verwundung desselben zu erinnern. Der Jammer gehört zu dem Motiv, dass Jemand und zwar ein Befreundeter, Verwandter des Gralhauses, durch sie seinen Tod gefunden hat; s. Pseudo-Crestien³ 261 ff., Pseudo-Gautier 20075. 20085, den ersten Interpolator Pseudo-Gautiers 40. 102, Peredur c. 7, Loth S. 60. Das ist ein Element des Rachemotivs; s. meine Gralr. 18.

Alte wunderbare Züge scheinen also bei Kiot rationalistisch ✓ umgeformt zu sein, ohne dass es ihm gelungen wäre alle Spuren ihrer früheren Gestalt zu verwischen.

Eine Folge dieser Auffassung der Lanze ist es, wenn sie zu suchen bei Kiot nicht mehr als eine Aufgabe für Gawan gelten kann und dafür der Gral eintritt. Die Identität von Parzivals und Gawans Bestrebungen ist also das jüngere, die ältere Verschiedenheit wurde aufgegeben.

Kiot-Wolfram V 253, 25. 254, 14 spricht Sigune Parzival von einem Segen, der zur Herstellung des gebrochenen Schwertes nöthig sei: *daz swert bedarf wol segenes wort. ich fürht' diu habestu lâzen dort* (auf der Gralburg); *hât s' aber dîn munt gelernet, sô wehset unde kernet iemer sælden kraft bî dir: lieber neve, geloube mir, sô muoz gar dienen dîner hant swaz din lip dâ* (auf der Gralburg) *wunders fant: ouch mahtu tragen schône iemer sælden krône hôhe ob den werden: den wunsch ûf der erden hâstu rollecliche: niemen ist sô riche, der gein dir koste mege hân, hâstu rrâge ir reht getân.* Weder sagt Parzival, dass er diese Worte gelernt oder nicht gelernt habe, noch war bei seinem ersten Besuche auf der Gralburg von ihnen die Rede, noch wird erzählt, dass er sie angewendet habe, als das gebrochene Schwert wieder ganz gemacht wurde, IX 434, 28. — Diese Widersprüche aber stehen in Zusammenhang mit einer ganz späten Vorstellung, die nicht bei Crestien, wohl aber in anderen Fassungen, bei Gautier, Manessier, Gerbert, vorkommt, mit der Schwertprobe, die vielleicht der Artus' nachgebildet ist, San Marte, Zeitschrift für deutsche Philologie XVI 149, s. meine Gralr. 20. 70. Frage und Zusammenfügen eines Schwertes

geben, nach Kiot, Anspruch auf das Gralreich, bei Crestien nur
die Frage. Die Doppelheit der Bedingungen ist jedenfalls das
Jüngere. Bei Kiot ist zudem das Schwert, welches Perceval
vom Fischerkönig erhält, mit jenem eigentlichen gebrochenen
Probeschwert identificiert, das einem Verwandten des Gralhauses
den Tod gebracht hat. — Durch diese Erfindung bei Kiot ergeben sich auch Widersprüche mit jenen Stellen, welche nur die
Frage vom Gralsucher verlangen, IX 483, 20 ff., 484, 3 und XVI
795, 29. — Es kommt aber sogar noch eine dritte Bedingung,
hinzu, das Epitaphium auf dem Gral, XV 781, 15. XVI 796, 17
— s. IX 470, 20 von den Gralrittern. Wenn nach IX 478, 2.
XVI 796, 17 sogar noch eine Wahl durch die Gralgemeinde
stattfand, so ist das, wie aus XVI 796, 17 hervorgeht, so aufzufassen wie die Abtwahl auf dem Sinaikloster, wo der zu
Wühlende erst durch geheimnissvolle Aufschrift auf dem Altar
bezeichnet und dann gewählt wird; Oppert, Priester Johannes
202 f., s. meine Gralr. 161, — also kein Widerspruch. Wohl
aber verträgt sich schwer mit einer göttlichen Bezeichnung
und Wahl die Bestimmung, dass der Gralkönig im Gegen-
satze zu den Gralrittern heiraten darf, IX 474, 10. 478, 23.
495, 7. Denn das deutet doch auf ein Erbreich. Es sind
also einem wie bei Crestien einfachen Motive andere hin-
zugefügt. — Ein Schwert als Geschenk des Fischerkönigs
an Perceval kam gewiss in der Quelle vor. Aber während
es bei Crestien mit einem Element des Rachemotivs — Sen-
dung durch die Nichte des Fischerkönigs — verbunden wird,
s. meine Gralr. 21, erhielt es bei Kiot die Eigenschaft des
Probeschwertes und ist ein altes Erbstück der Gralfamilie, da
es von Frimutel stammt, XIII 643, 19. In dem alterthümlichen Didot'schen Perceval kommt überhaupt noch kein
Schwert vor.

Kiot-Wolfram IX 483, 25 erzählt Trevrezent, das Epitaphium habe erklärt, nur jemand, der die Frage thue, könne
Anfortas helfen, aber *ez wære kint, magt oder man, daz in der
vrâge warnet' iht, sô solt diu vrâge helfen niht;* — über die
Warnung s. auch V 240, 6. IX 501, 2. XVI 795, 15. — IX 484, 1
führt Trevrezent noch eine zweite Clausel an: *frâgt er niht bî
der êrsten naht, sô zergêt sîner frâge maht.* Parzival wird nun
von Trevrezent gewarnt, fragt nicht am ersten Tage, — und

die zweite Frage wirkt im XVI. Buche doch. — Die Schwierigkeit liegt zum Theil gewiss in der gemeinsamen Quelle und
ist auch bei Crestien vorhanden, s. meine Gralr. 12.
15, —
aber sie ist bei Kiot grösser, da zwei ausdrücklich gestellten
Bedingungen für das Gelingen der Frage nicht entsprochen
wird. Auch darf man nach Kiot's Darstellung nicht sagen,
was vielleicht von der gemeinsamen Quelle gilt, dass Parzivals
Tugend und Reue Gott oder den Gral bewogen habe, von der
Bedingung dass die Frage unbewusst geschehe, abzustehen, denn
noch XVI 795, 15 wagt Anfortas nicht Parzival zu warnen. —
Wenn die in meinen Gralr. 14 f. vorgetragene Ansicht über
die ursprüngliche Bedeutung der Frage richtig ist, so ist nur
die erste der von Trevrezent angeführten Bedingungen für
ihre Wirksamkeit ursprünglich.

Darnach ist es wahrscheinlich, dass auch viele andere
Züge, durch welche sich Kiot von Crestien unterscheidet, Neubildungen des ersteren sind. So chronologische Widersprüche,
welche ja an sich ebensogut ursprünglich, d. h. schon bei der
ersten Bildung einer Erzählung aus Einzelelementen vorhanden
als durch spätere Zusätze in eine fertige Erzählung hineingekommen sein können. Sigune wird nach III 141, 8 bei Herzeloyde erzogen, s. oben S. 23. Aber nach Parzival XVI 805, 6
ist es Kondwiramurs, die bei Schoysianen erzogen wird, was
nach Titurel 25 unmöglich ist, wo Kondwiramurs sich beim
Tode Schoysianens, die bei der Geburt Sigunens, ihres ersten
Kindes, stirbt, als kleines Kind bei ihrem Vater Tampunteire befindet, wohin nun auch die kleine Sigune gebracht
wird. — Auch die genealogischen Angaben, welche die Verwandtschaft Schionatulanders mit Parzival und Sigunen dar-
thun sollen, s. oben S. 41, führen zum Theil zu unglaublichen
Resultaten. Liaze, Schionatulanders Vaterschwester, Parzivals
erste Liebe, die auch ihr Vater Gurnemanz mit ihm ver-
heiraten möchte, III 178, 9, s. IV 188, 2. 195, 7, ist seine
Grosstante, s. Lucae, Anzeiger für deutsches Alterthum VI
152. Viel beweist das allerdings nicht: in Jacobs von Maer-
lant Toree heiratet der Held Miranden, die älter ist, als seine
Mutter 265. — S. unten die Widersprüche bei Kiot.

Andererseits vertritt auch Crestien, obwohl viel seltener als
Kiot, eine jüngere Gestalt der Sage oder Erzählung. S. was oben

S. 33. 34. 38. 39 über das Rachemotiv und die Missverständnisse gesagt ist, welche sich Crestien seiner Quelle gegenüber
zu Schulden kommen lässt. — Dazu noch einiges Andere, von
dem man behaupten kann, dass es Kiot nicht geändert hätte,
wenn es in einer Quelle gewesen wäre. So der in meinen
Gralr. 12 besprochene Umstand, dass bei Crestien es der
Oheim, nicht der Urgrossvater Percevals, wie bei Kiot, ist, der
durch zwanzig Jahre mit der Hostie ernährt wird. Damit hängt
wohl zusammen, dass der Fischerkönig bei Crestien der Vetter
Percevals, nicht sein Oheim, wie bei Kiot, ist.

Wenn bei Kiot, III 147, 30, Parzival am Hofe Artus' sagt,
seine Mutter habe ihm befohlen König und Königin zu grüssen
und Herzeloyde auch III 127, 13 davon nichts gesagt hat, so
könnte man dies durch eine bekannte Eigenthümlichkeit der
epischen Darstellung erklären. Da aber bei Crestien Percevals
Mutter beim Abschiede von ihrem Sohne ihm in der That auf-
trägt, 1706 *Vous irés à la court le roi, Si li dirés k'armes vos
doinst. De contredit n'i aura point; Qu'il les vos donra, bien
le sai,* so war in der gemeinsamen Quelle Auftrag und Botschaft
wahrscheinlich übereinstimmend und Wolfram hat den Auftrag,
Crestien die Botschaft weggelassen. Beides findet sich im
Peredur c. 2. 4, Loth S. 49. 52.

Sehr häufig aber wird man natürlich nicht entscheiden
können, ob die von Kiot oder von Crestien angeführten Thatsachen, ihre Anordnung bei diesem oder jenem, das ursprüngliche sei, schon deshalb nicht, weil uns nicht Kiot sondern nur
dessen Bearbeitung durch Wolfram vorliegt.

Bei Kiot warnt Herzeloyde III 127, 15 Parzival vor
dunklen Furten: III 129, 7, also sofort beim Ausritt befolgt
Parzival in verkehrter Weise diesen Rath. Bei Crestien findet
der Held, 2504 ff., bevor er zu Gurnemanz kommt, einen Fluss,
so breit wie die Loire, den er nicht zu überschreiten wagt.
Hat Crestien hier den Rath der Mutter in Bezug auf Furten
ausgelassen oder Kiot ihn hinzugesetzt? Vielleicht hat auch der
Fluss bei Crestien keinen Bezug auf jenen Rath.

Oder es ist im Wolfram'schen Parzival unverständlich,
wie Lischoys Gwelljus bei seinem unglücklichen Kampf mit

Gawan, dessen Pferd Gringuljet reiten kann, X 540, 17, das dadurch wieder an Gawan kommt, — da Gawan dasselbe soeben durch die List Vrians', Crestien's Griogoras', an diesen verloren hatte, X 522, 26; Jellinck-Kraus, Zeitschrift für die österreichischen Gymnasien 1893, S. 697. Man könnte allerdings sagen: hier ist das Ursprüngliche bei Crestien erhalten, da hier Gawan sein Pferd einem ungenannten Neffen des Griogoras im Kampfe wieder abgewinnt, 8662. Dass Vrians-Griogoras sein durch List erbeutetes Pferd seinem Verwandten geliehen habe, damit dieses den übel berittenen Gawan angreife, kann man sich leicht hinzudenken. Aber die Sache mag sich anders verhalten. Bei Kiot ist Lischoys Gwelljus nicht nur kein Verwandter Vrians'-Griogoras', sondern dessen Feind, und hat ihn im Auftrag Orgelusens angegriffen und verwundet, X 507, 2. 521. 28. Vielleicht hat Wolfram nur eine Notiz Kiot's übersehen, nach welcher Lischoys Gwelljus jenen Vrians-Griogoras zum zweiten Male bekämpft und besiegt und ihm Gawans Pferd abgenommen hat. — Auch wem der Name Lischoys Gwelljus ursprünglich gehörte, ist zweifelhaft. Er entspricht als Name dem Crestien'schen *li Orguelleus De la roce en l'estroite voie, Qui garde les pors de Galvoie* 10014, s. 9755, denn Lischoys Gwelljus hat bei Wolfram, X 521,28, Vrians-Griogoras in *Âvestroit mâvoiê* besiegt. Aber dieser Orguelleus Crestien's vertritt bei Wolfram eine ganz andere Person, den *turkoyten* Florant, bei Wolfram den zweiten Ritter Orgelusens, der VI 334, 14 den Griechen Klias besiegt hat und XII 597, 25 gegenüber Gawan unterliegt. Bei Crestien hat Orgeluse nur diesen Ritter, der andere, den Wolfram Lischoys Gwelljus nennt, Griogoras' Neffe, ist bei Crestien unbenannt und hat gar nichts mit Orgelusen zu thun.

III. Peredur.

Bevor wir die gemeinsame Quelle Crestien's und Kiot's herzustellen versuchen, ist es nöthig Umschau zu halten, ob wir ihr angehörige Elemente nicht noch anderswo finden als bei Crestien und Kiot. Natürlich können wir das nur in Erzählungen hoffen, welche überhaupt mit Crestien und Kiot näher verwandt sind, also auch eine Mehrheit von Ueberein-stimmungen mit diesen Dichtungen zeigen. Hagen hat in der

Germania XXXVII 121 auf einige gemeinsame kleine Züge
in Peredur und bei Wolfram hingewiesen, welche mit anderen
zusammengefasst es wahrscheinlich machen, dass die wälsche
Erzählung nicht Kiot und nicht Crestien, sondern die letzterem
sehr ähnliche Quelle als Vorlage benutzt habe. Die übereinstimmenden Züge sind: die Jugendgeschichte Perceval's, in der
Form, dass sein Vater im Kampfe fällt und die Mutter sich in
die Einsamkeit zurückzieht, um den Sohn vor den Gefahren
des Ritterlebens zu bewahren, Kiot II, Peredur c. 1, Loth S. 45 f.
— Statt des lachenden Mädchens und des prophetischen *sos* bei
Crestien erscheint bei Kiot III 152, 23 und Peredur das Motiv des
Stummen, der wieder redet, — bei Kiot Antanor, der ein Gelübde gethan hat zu schweigen, neben dem lachenden Mädchen,
im Peredur ein stummes Zwergenpaar c. 4, Loth S. 52. — Die
Bestrafung durch Keie besteht bei Kiot und im Peredur nur
in Schlägen, während bei Crestien der Narr ins Feuer gestossen
wird, 2248. — Gurnemanz ist im Peredur c. 6, Loth S. 57 der
Oheim des Helden, bei Kiot auch sein älterer Verwandter, da
Parzivals Grossmutter Schoette die Schwester von Gurnemanz'
Schwiegertochter Mahaute ist. — Beim Herumtragen der Lanze
auf der Gralburg erhebt sich grosser Jammer, Kiot V 231, 18.
IX 492, 18. 493, 10. XVI 807, 20, Peredur c. 7, Loth S. 60. Nach
der Analogie von Pseudo Crestien[a] 261, Pseudo-Gautier 20075.
20085, Pseudo-Gauthiers erstem Interpolator 40.102 gilt der
Jammer einem Angehörigen des Gralhauses, Goon, der getödtet
worden ist. — Unsicher sind zwei andere Fälle. Peredur ent-
hält sich Kondwiramurs, als sie ihn in seinem Bette besucht,
c. 9, Loth S. 65, wie bei Kiot IV 1941. Aber vielleicht war
das auch Crestien's Meinung trotz des zärtlichen Zusammen-
liegens 3256 ff. Denn 3296 erst, am nächsten Morgen, bittet
er sie um ihre *druerie en guerredon* seiner künftigen Thaten.
— Ebenso geht es nicht mit Deutlichkeit aus dem Bericht
Peredur c. 7. 30, Loth S. 59. 109 hervor, ob die ungeheure
Lanze jene ist, mit welcher der zweite lahme Oheim Peredurs,
welcher dem Fischerkönig entspricht, verwundet worden ist.
Der Erzähler sagt es mit keinem Wort, und die ungeheure
Grösse spricht eher dagegen. — Auch von dem früher Erwähnten könnte jeder einzelne Zug anders, als eine Abweichung
von Crestien erklärt werden, durch Erfindung oder Anlehnung

an andere Berichte. Aber ihre Menge legt die erste Auffassung näher.

Bezüglich des ersten Punktes ist es allerdings nicht glaublich, dass sich Crestien den pragmatischen Zusammenhang zwischen der unritterlichen Erziehung Percevals und der vereitelten Absicht der Mutter hätte entgehen lassen; s. oben S. 32. Aber so wie Pseudo-Crestien vor unsere Crestien-Handschriften getreten ist, trotz der Unvereinbarkeit beider Berichte, ebenso kann diese Vorgeschichte auch als Einleitung für die Handschriften benutzt worden sein, welche Crestien's und Kiot's Quelle enthielten. Bei den anderen Punkten, wenn wir von den unsicheren zwei letzten absehen, kann Crestien die Quelle verändert haben.

Demnach sind auch die Uebereinstimmungen von Crestien und Peredur der Quelle zuzuweisen. So der zweite Besuch, den Kondwiramurs-Blancheflour am Morgen Perceval macht, Crestien 3272 ff., Peredur c. 10, Loth S. 66, der übrigens keineswegs, wie Hagen meint, Germania XXXVII 132, im Widerspruch mit ihrem früheren Werben und Klagen steht. Wenn sie am Morgen sagt *Et je quic bien que lonc le jor Ne serés-vous mie çaiens, Li sejorners seroit rien*, und ihm räth, er möge ein *mellor ostel* aufsuchen, *à plus ait pain et vin et sel et autre bien que en cestui*, so ist das eine kokette Aufforderung zu bleiben, ebenso wie 3310 ff., wo der Dichter 3320 ausdrücklich erklärt: *Tel plait li a celle basti, Qu'ele li blasme et si le vint* ff. — Das lange Gespräch zwischen Gawan und Keie, Crestien 5728 ff. und Peredur c. 14, Loth S. 72 ff., Golther, Sitzungsber. der Münchner Akademie S. 178 ff. — Die Kriege und die Verwüstung des Landes in Folge der unterlassenen Frage, Crestien 6048 ff., Peredur c. 26, Loth S. 97. Diese Kriege werden im Peredur auf Hexen bezogen und das Motiv weiter ausgeführt, Hagen, Germania XXXVII 128. Die Verwüstung des Landes durch Krieg ist nur eine Umformung des alten Motivs von der Unfruchtbarkeit des Landes durch den verhängnissvollen Hieb; s. meine Gralr. 18. — Die Sünde Percevals ist der Tod seiner Mutter, Crestien 7766, Peredur c. 8, Loth S. 61. — In diesem Punkte hat sich Kiot von der Quelle entfernt durch Auslassung und Aenderung.

Zu den Uebereinstimmungen gehören auch die Missverständnisse im Peredur gegenüber einem Texte, der gleich dem

Crestien'schen ist. Crestien 1740 sagt Herzeloyde zu Perceval vor seinem Auszug:

> De pucele a moult ki le baise
> S'ele le bésier (Var. gésir) vos consent.
> Et, se elle plus en deffent (l. Et s'elle le plus e. d.)
> Ce laissier le volés por moi.
> Et, si ele a aniel en doi,
> 1745 Cainte çainture u aumosnière,
> Se par amor u par proière
> Le vos done, bon m'ert et bel
> Que vous enportés son anel,
> Del anel prendre vos doin-gié
> 1750 Et de l'aumosnière congié

Peredur c. 2, Loth S. 49 *Si tu vois une belle femme, fais lui la cour, quand même elle ne voudrait pas de toi.* Der wälsche Erzähler hat 1742 übersetzt, als ob dastünde: *et plus elle s'en deffent.* S. Hagen, Germania XXXVII 123. — Nach Crestien 1849 hält Perceval das Zelt Jeschutens für eine Kirche und will darin beten: *Hé, Dex! resci vostre maison* u. s. w.; Peredur c. 3, Loth S. 49 *Apercevant dans la clairière un pavillon en forme d'église, il récita son Pater, puis il y alla.* — Crestien 2867 räth Gurnemanz Perceval: *Or, ne dites jamais, biaus frère, Fait li prendons, que vostre mère l'os ait apris ne ensignié,* Peredur c. 6, Loth 58 ist der Rath *Il est temps de renoncer au langaye de ta mère.*

IV. Sir Perceval.

Auch der Sir Perceval, der öfters zu Kiot gegen Crestien stimmt, mag Einiges aus der gemeinsamen Quelle enthalten. Wie der Peredur und Kiot hat er den Tod von Percevals Vater im Kampf und das einsame Leben der Witwe, welche dadurch ihren Sohn vor den Gefahren des Ritterthums bewahren will, 141. 165. — Perceval ist wie bei Kiot der einzige Sohn seiner Eltern, 103. Er nennt sich den Sohn seiner Mutter, 506. 1094; s. Kiot III 140, 6 *bon fiz, schier fiz, béa fiz.* Der Name Lufamour, 1222, erinnert an Kondwiramurs bei Kiot — Perceval heiratet sie

gleich, nachdem er sie befreit hat, 1743, wie bei Kiot, nicht
erst viel später wie bei Gerbert. — Dem Zweikampf zwischen
Perceval und Gawan, der abgebrochen wird, sobald Gawan
erkannt ist, Kiot XIV 679, 1, entspricht allerdings an ganz
anderer Stelle, 1510, der ähnliche Kampf im Sir Perceval. Bei
der letzten Stelle können wir Crestien nicht vergleichen, da
Kiot XIV bei Crestien keine Entsprechung mehr hat. In Bezug
auf die anderen Punkte steht nichts der Annahme entgegen,
dass Crestien die Angabe der Vorlage verändert habe, — in Bezug auf Perceval als einzigen Sohn vielleicht zu Gunsten der
gewöhnlichen Annahme, s. Didot's Perceval 446, Quête, Peredur
c. 1, Loth S. 45, Prosa-Lancelot. Was den ersten Punkt anbelangt s. oben S. 49 bei Peredur. — Uebrigens kann auch die
Annahme, Perceval sei das einzige Kind seiner Eltern gewesen,
auf Pseudo-Crestien⁰ 539 beruhen.

Darnach giengen auch die Uebereinstimmungen des Sir
Perceval mit Crestien auf die Quelle zurück. S. die Einzelheiten
der Grobheit Sir Percevals gegen Artus 494. 575, Crestien
2123 ff., 2160 ff., 2177 ff., — oder das Missverständniss Sir
Percevals 749 ff. Perceval will den rothen Ritter ausbrennen,
weil ihn seine Mutter gelehrt habe auf diese Weise das ab-
gebrochene Stück des Schaftes aus der Pfeilspitze zu entfernen.
Crestien 2328 sagt er von seinem Bemühen den rothen Ritter
zu entkleiden: *Ains auroie par carbonées Trestout escarbellié*
(Var. *esbrauné*) *le mort Que nule des armes enport* vgl. Löwenritter 4215 *de la joe une charbonée*, Michel, Roman de la violette
S. 300. Hier kann Kiot geändert haben.

Der Didot'sche Perceval und Perlesvaus stehen von Cre-
stien-Kiot noch weiter ab; dass sie die gemeinsame Quelle
gekannt haben ist nicht zu erweisen.

V. Die gemeinsame Quelle.

Diese gemeinsame Quelle war nach dem Obigen, insoweit
sie durch Crestien und Kiot vertreten ist, im Wesentlichen
gleich Crestien. Aber es fehlten jene Züge, welche sich oben
S. 37 ff. als Zusätze Crestiens herausgestellt hatten; s. auch S. 49.
51. Die Erklärung, warum der Hof Artus' gegenüber Ither von

4*

Gaheviez sich so hilflos zeigte, die Elemente des Rachemotivs, die Ermahnungen Herzeloydens und Trevrezents zum Kirchenbesuch, die Erwähnung Titurels, der Hostie, dass nur ein Tugendhafter die Abenteuer auf dem Wunderschloss bestehen könne. — Was das Rachemotiv anbelangt, so ist bemerkenswerth, dass hier Crestien wie Kiot die Quelle vermehrt zu haben scheinen. In dieser wurde wahrscheinlich nur von einem Schwerte erzählt, das der Fischerkönig seinem Gaste gab, das zu Heldenthaten Percevals dienen und einmal brechen sollte; s. meine Gralr. 21. Während Crestien sich dabei an das Rachemotiv erinnerte, fiel Kiot das Motiv der Schwertprobe ein. S. oben S. 43.

Ein ähnliches Verhältniss zeigt sich bei dem oben S. 46 besprochenen Auftrag Herzeloydens an Perceval Artus zu grüssen, wo Crestien und Kiot etwas ausgelassen zu haben scheinen. — Eben daselbst wurde die Auffassung Crestiens von dem Verwandtschaftsverhältniss zwischen Perceval und Titurel als jünger gegenüber der Kiot'schen bezeichnet. Die Quelle wird hier durch Kiot treuer wiedergegeben, nach welchem Titurel Percevals Urgrossvater ist.

Ebenso sind aus der Quelle jene Stellen Crestien's wegzudenken, die auf einem Missverständnisse der Quelle beruhen, s. oben S. 33. 34. 39, so in Bezug auf den Namen Percevals, Obilots Aermel, die Fensterscheiben auf der Wunderburg und vielleicht den Wechsler vor der Wunderburg. Der Schluss war, wie wir ihn bei Crestien, wenn er sein Werk vollendet hätte, voraussetzen dürfen, also mit Gawans Abenteuer auf dem Pui de Montesclaire, s. oben S. 32. 33 und meine Gralr. 25. Auf diesen Angaben beruht wohl die Ausführung bei Pseudo-Gautier nach der Handschrift H und im mittelniederländischen Lancelot 38646. 39069; s. meine Gralr. 24 f. Gawans Aufgabe die Lanze, bei Kiot den Gral zu suchen, wird wohl schon die Quelle fallen gelassen haben, als gegenstandslos, nachdem Parceval den Gral und die Lanze gewonnen hat. Allerdings entstand dadurch eine Unklarheit; s. oben S. 37. Die Versöhnung mit Vergulaht, welche bei Crestien fehlt, obwohl sie bei Kiot X 503, 10 steht, kam vielleicht in der gemeinsamen Quelle später vor, möglich auch dass sie an der Kiot X 503, 10 entsprechenden Stelle stand, aber als flüchtige Andeutung, so dass sie Crestien übersah.

Dazu kommen die oben S. 47 ff. besprochenen Uebereinstimmungen mit Peredur und vielleicht mit Sir Perceval.

Die Motive der gemeinsamen Quelle, wie sie aus der
Uebereinstimmung von Crestien und Kiot, Peredur und Crestien
— und vielleicht Sir Perceval und Kiot, Sir Perceval und
Crestien, — oder aus Crestien allein zu entnehmen sind, zeigen
oft traditionellen Charakter, innerhalb der Gral- und Perceval-
romane wie ausserhalb derselben. Allerdings beruhen Berichte, in
denen sich Aehnliches findet, zum Theile auf Crestien, vielleicht
auch auf der gemeinsamen Quelle oder Kiot. Ich gebe vorerst
die wichtigeren, grösseren, allgemeineren Züge, bei denen ich
natürlich weglasse, was den Gral- und Percevalromanen überhaupt eigen ist. — Manches von diesen und den kleinen Motiven
mag freilich nur Crestien angehören: aber am sichersten geht
man doch, wenn man alles Crestien'sche der Quelle zuschreibt,
insoferne nicht das Gegentheil bewiesen ist.

Der Vater des Helden, Percevals, hat im Kampfe seinen
Tod gefunden und die Witwe sich mit dem Sohne in den Wald
zurückgezogen, damit dieser den Fährlichkeiten des ritterlichen
Lebens entgehe; Kiot (Wolfram III), Peredur (c. 1, Loth S. 45 f.),
Sir Perceval. So auch Pseudo-Crestien[b] 720. 948.

Die einsame, unritterliche Jugend des Helden überhaupt;
Crestien, Kiot (Wolfram III), Peredur, Sir Perceval, Pseudo-
Crestien[b]. S. W. Hertz, Die Sage von Parzival und dem
Gral 38, Reimann Gaydon 102, Aiol ed. Förster XXVIII,
meine Gralr. 22. Eine Parodie Percevals ist der halbthierische
Tristan de Nanteuil, Romanisches Jahrbuch IX und Orson oder
Namelos; s. Seelmann, Valentin und Namelos LVIII.

In dem alterthümlichen Perceval der Didot'schen Handschrift und im Prosa-Lancelot ist das Motiv der unritterlichen
Jugend noch nicht auf Perceval übertragen.

Der Held, Perceval, verlässt Artus' Hof, wird schwer ver-
misst und kehrt wieder zurück, nachdem er Grosses unter-
nommen hat; Crestien, Kiot (Wolfram III. VI), Peredur, Sir
Perceval. S. meine Gralr. 21, Prosa-Lancelot P. Paris V 236,
Ausgabe von 1533 III fo. 56, Märtens, Romanische Studien
V 620.

Der Held, Perceval, findet eine Dame allein im Walde
und hat mit ihrem eifersüchtigen Geliebten oder Mann einen

Kampf zu bestehen; Crestien, Kiot (Wolfram III. V), Peredur,
Sir Perceval. S. Märtens, Romanische Studien V 627.

Der Held, Perceval, Gawan findet eine klagende Jungfrau
unter einem Baume mit einem todten oder verwundeten Ritter
in ihrem Schoosse; Crestien, Kiot (Wolfram III. V. IX Sigune
und Schionatulander, vgl. Crestien und Wolfram X Vrians
und seine Geliebte), Peredur. Das Motiv mit dem todten
Ritter findet sich auch in Didot's Perceval, s. oben S. 41, s.
auch Prosa-Lancelot, P. Paris III 346. — Der Held, Perceval,
besiegt den Mörder des Geliebten der klagenden Jungfrau, Crestien, Kiot, Peredur; Märtens, Romanische Studien V 619.

Dieses und das vorhergehende Motiv sind durch die Identität des Eifersüchtigen und des Mörders zusammengehalten;
Crestien, Kiot, Peredur, s. unten c. VIII über Sir Perceval.

Dem Helden Perceval wird von einem älteren Manne
empfohlen nicht zu fragen; Crestien, Kiot (Wolfram III), Peredur.
Auch in Didot's Peredur 465.

Der Held, Perceval, befreit eine Dame, seine Geliebte,
die von einem Nebenbuhler in ihrer Burg belagert wird; Crestien,
Kiot (Wolfram IV), Peredur, Sir Perceval. S. Guillaumes Fergus,
Gregorius, Konrads Gauriel von Muntabel.

Der Held, Perceval, unterlässt die verhängnissvolle Frage;
Crestien, Kiot (Wolfram V), Peredur. S. Didot's Perceval 464,
Claris 22944, s. meine Gralr. 23.

Der Held, Perceval, heilt einen Verwundeten auf übernatürliche Weise; Crestien, Kiot (Wolfram V. XVI). S. L'âtre
périlleux 6380. 6508, Paiens Mule sans frein 763. — Aber
dazu ist sittliche Reinheit erforderlich, Crestien, Kiot. S. Prosa-
Lancelot, P. Paris III 323, IV 47 f., Demanda fo. 133ᵈ. 136ᵃ ᵇ,
Malory, Morte Darthur l. VII c. 10, in einer Partie des Werkes,
deren Quelle unbekannt ist.

Der Held, Perceval, Gawan, wird an Artus' Hof gescholten, ersterer von einer Frau; Crestien, Kiot (Wolfram VI),
Peredur. S. Crestien's Löwenritter 2711, Henrici zu Hartmanns Iwein 3111. — Vgl. Didot's Perceval 481, wo Perceval
von Merlin aber nicht bei Hofe gescholten wird.

In Folge der unterlassenen Frage droht dem Lande des
Gralkönigs Verwüstung; Crestien, Peredur. S. oben S. 49.

Dem Helden, Gawan, wird Schuld gegeben, den Vater seines Gegners ermordet zu haben; Crestien, Kiot (Wolfram VI), Peredur c. 27, Loth S. 98. 100. S. Chevalier as deus espees 6222 ff., Demanda fo. 88ᵇ. 172ᵈ. In Dietrich und seinen Gesellen wirft der Riese Janibus Dietrich dasselbe vor, 92. 93.

Der Held, Perceval, ist mit Gawan befreundet; Crestien seit 5865, Kiot (Wolfram VI 304, 1). S. Crestien's Löwenritter, Raouls Meraugis, Prosa-Tristan, Prosa-Lancelot.

Der Held, Perceval, verfällt in tiefe Melancholie und Gott-vergessenheit; Crestien, Kiot (Wolfram VI), s. Didot's Perceval 471. Vgl. den Wahnsinn des Helden, Iwein, Fergus, Meraugis, Prosa-Lancelot P. Paris IV 65, 348, Gesammtabenteuer I N. XV 605 ff. bis zum Orlando furioso und Don Quixote, Märtens, Romanische Studien V 635.

Trotzdem der Held, Gawan, zu einer wichtigen Zusammen-kunft eilt, lässt er sich nach einigem Widerstreben zu einem Abenteuer bestimmen, durch das er Gefahr läuft, sein wichti-geres Unternehmen zu versäumen; Crestien, Kiot (Wolfram VII); Crestien's Löwenritter 3948 ff., Pseudo-Gautier 19764 ff.

Der Held, Gawan, nimmt an dem Turniere Theil, das Obiens, der Geliebten Melianz', wegen abgehalten wird; Crestien, Kiot (Wolfram VII). S. Didot's Perceval 477, wo aber Perceval die Rolle Gawans spielt und kein kleines Mädchen als Herrin des Helden vorkommt. Gawan ist zugegen, aber auch Lancelot und Beduers. Dass der eine der Helden für Melianz, der andere ihm gegenüber streitet, wird auch nicht erzählt. S. oben S. 39.

Der Held, Gawan, beginnt ein Liebesverhältniss mit der Schwester seines Feindes, dessen Vater er getödtet haben soll, und geräth durch die Entdeckung in grosse Gefahr; Crestien, Kiot (Wolfram VIII), Peredur c. 27, Loth S. 98 und c. 28 Loth S. 102, an welch letzterer Stelle aber der Held Peredur ist. S. auch Tidhrekssaga c. 305, meine Abhandlung über die ostgothische Heldensage S. 83 ff.

Der Held, Gawan, sucht die heil. Lanze, Crestien. Sonst wird ihm eine Gralsuche zugeschrieben; Kiot (Wolfram VIII), Pseudo-Gautier, Pseudo-Gautiers erster Interpolator, Perlesvaus, Heinrich von dem Thürlein. — Die Meinung Crestien's ist, dass

Gawan die Lanze nicht nur suchen sondern auch erwerben solle, s. 7494 *U il* (Gauvain) *cele lance vos renge, U il se mece en vo merci En tel prison com il est ici.* Ich berichtige hiemit einen Irrthum in meinen Gralr. 6. Der Held, Perceval, wird von einem Einsiedler belehrt; Crestien, Kiot (Wolfram IX), Peredur. S. Didot's Perceval 450. 471.

Die Sünde des Helden, Percevals, ist der Tod der Mutter; Crestien, Peredur (c. 8, Loth S. 61). S. Didot's Perceval 451, Moriaen im niederländischen Lancelot 45604 ff., 46423. — Dieser Sünde wegen hat er nicht gefragt, die Sünde hat ihn zu fragen verhindert und ist somit Ursache seines späteren gottvergessenen Zustandes.

Der Held, Gawan, besteht das Abenteuer mit dem gefährlichen Bett; Crestien, Kiot (Wolfram XI). S. Crestien's Roman de la charrette, den Prosa-Lancelot, P. Paris V 24, wo Lancelot der Held ist. Im Prosa-Lancelot besteht es auch Gawan, aber auf der Gralburg, P. Paris V 259, ed. 1533 III fo. 22; Märtens, Romanische Studien V 623. — Ein gefährliches Bett anderer Art findet Gawan im Chevalier à l'épée 567.

Der Held, Gawan, befreit viele in einem Schlosse gefangene Damen; Crestien, Kiot (Wolfram XI). S. Crestien's Löwenritter, Erec, Prosa-Lancelot, Märtens, Romanische Studien V 621. — In Crestien's Gralroman wird 6067 vielleicht auf ein ähnliches Abenteuer auf Castell Orguellos angespielt.

Der Held, Gawan, betritt eine Wiese und muss deshalb einen Kampf bestehen; Crestien, Kiot (Wolfram XII). S. den gefährlichen Garten Joie de la cort in Crestien's Erec 5739. 6133, Blandin de Cornouaille, Romania II V. 679, Zimmer in Kuhn's Zeitschrift XXVIII 488 und die deutschen Rosengärten.

Gawan heiratet; Crestien, denn das ist doch wohl seine Meinung, Kiot (Wolfram XIII). S. Mariage Gauvain, Chevalier à l'épée, Floriant 6101.

Der Conflict des Helden, Gawans, mit seinem Gegner, Guiromelans, wird durch eine Heirat des letzteren mit Gawans Schwester beigelegt; Crestien hat das zwar nicht mehr in seinem Text, aber alles weist auf die Entwickelung hin, wie sie bei Wolfram XIV vorliegt. S. Pseudo-Gautier 11489 ff.

Der Held, Perceval, hat mit seinem Freund Gawan einen
Kampf zu bestehen, der abgebrochen wird, sobald Gawan er-
kannt ist; Kiot (Wolfram XIV), Sir Perceval, s. oben S. 51.
S. Crestien's Löwenritter 6106 ff. Der Fall ist zweifelhaft.

Dazu kommen eine Fülle von kleinen Zügen, deren Ur-
sprünglichkeit zum grössten Theile aus der Uebereinstimmung
von Crestien und Kiot erhellt, wie sie meist von Bartsch in
den Anmerkungen zu seiner Ausgabe von Wolframs Parzival
nachgewiesen ist. Traditionelle Parallelen sind hie und da
beigesetzt.

Wolfram II 100, 2 ff. Der Held, Perceval, ist seiner
Eltern einziges Kind, — Sir Perceval 103. So auch Pseudo-
Crestien[b] 539. Der Fall ist zweifelhaft; s. oben S. 51.

Nach Crestien 1630 ist der Vater Percevals durch beide
Schenkel verwundet worden, ebenso wie der Fischerkönig 4690.
Letzterem ist das in einer Schlacht mit einem *garerlot* geschehen
wie dem Fischerkönig Pelles im Grand St. Graal, wo noch eine
andere ähnliche Verwundung vorkommt; sie kehrt noch in
anderen Gralromanen wieder; Birch-Hirschfeld 31, Merlin, Suite
vulgate und Prosa-Lancelot, P. Paris II 277. V 141.

Wolfram III 117, 9 *zer waste in Soltâne*, Crestien 1289
de la gaste forest soutaine, — Pseudo-Crestien[b] 960 *en la gaste
forest*, 1015. 1151 ff. 1214, *terre soutaine* im Livre d'Artus,
Freymond, Zeitschrift für romanische Philologie XVI 100.

Wolfram III 117, 17. Die Leute Herzeloydens reuten und
ackerten, — Crestien 1296. So auch Pseudo-Crestien[b] 1191.

Wolfram III 120, 2. Parzival jagt mit einem *gabilôt*, —
Crestien 1310.

Wolfram III 121, 8 über die Dummheit der Wälschen, *Wâ-
leise*, — Crestien 1455, *Gualois*. S. W. Mapes, De nugis curialium ed. Wright 75. 103. — Vgl. Otto von Freising Gesta Friderici I
c. 54 *Iste* (ein Ketzer) *in angulis Galliae, id est circa Britanniam
et Guasconiam, eo quod remotis ibi a corde Franciae populis sim-
plicitas vel potius, ut ita dixerim, stulticitas, cui facile error
obrepere solet, abundat, verbum praedicationis assumpserat.*

Wolfram III 124, 12 Parzival sagt: *ob die hirze trüegen sus
ir vel, son' vervunt' ir niht min gabylôt*, — Crestien 1485. Der
Zug findet sich auch im Morvanliede, Villemarqué, Barzaz-Breiz 79.

Wolfram III 127, 2 ff. Parzivals Kleidung besteht aus Hemd und Hosen, *daz doch ûz eime stücke erschein*, und *ribbalin*, — Crestien 1694. 1798 *revelins;* s. Guillaume's Fergus 10, 16. Wolfram III 127, 13. 170, 13. Die guten Lehren, welche Perceval von seiner Mutter beim Auszug, dann von Gurnemauz erhält, — Crestien 1721. 2831, Peredur c. 2. 6, Loth S. 49. 56, Sir Perceval 398, ähneln denen im Aermelritter, niederländischer Lancelot 14766. 15601, in Pleier's Tandarois und Flordibel 4021, in Albrecht's Titurel 1115, im Wigamur 4288. Die Gurnemauz' gehören überdies in die Kategorie des Chastoiement d'un père à son fils; s. den Winsbecken, Walther Mapes, De nugis curialium ed. Wright S. 106.

Crestien 1706. Dabei hat die Mutter Perceval aufgetragen Artus aufzusuchen und zu grüssen, — Peredur c. 2, Loth S. 49; s. oben S. 46.

Crestien 1742. *Et s'elle le plus en deffent,* — Peredur c. 2, Loth S. 49; s. oben S. 50.

Wolfram III 127, 13 ff. Die Lehren der Mutter geben einen unvollständigen Rahmen für die folgende Erzählung, — Crestien 1721 ff., Peredur c. 2, Loth S. 49, Sir Perceval 398, s. meine Gralr. 23.

Wolfram III 128, 21. Percevals Mutter stirbt aus Schmerz über seine Abreise, — Crestien 4782. 7766. Peredur c. 8, Loth S. 61.

Crestien 1849. Perceval hält Jeschutens Zelt für eine Kirche, — Peredur c. 3, Loth S. 49, s. oben S. 50.

Wolfram III 129, 27 Orilus de Lalander, — Crestien 4991 *li Orguellous de la lande*. S. Didot's Perceval 431. ,Der Stolze' als Eigenname kommt bei Crestien noch einmal vor, Orguellens de la roce de l'estroite voie, 10015, ebenso bei Gautier 28873, im gefährlichen Kirchhof 6380 *l'Orgueilleus faé*; im Garin le Loberain ed. P. Paris I 225. 256 wird Guillaume de Mondin l'Orguellous de Mondin genannt, im Tristan des Thomas heisst ein Riese so, III 664.

Wolfram III 132, 2 *einen gnoten kropf er* (Parzival) *az, dar nâch er sicære trünke trank,* — Crestien 1940 ff. 1953 ff.

Wolfram III 140, 6. Parzival glaubt, es heisse *bon fîz, schier fîz, bêâ fîz,* — Sir Perceval 506. 1094 nennt sich den Sohn seiner Mutter. Etwas Aehnliches, nicht Gleiches, wird die

Quelle gehabt haben, das Crestien missverstehen konnte; s.
oben S. 34.

Wolfram III 141, 30. Sigune weist Parzival auf den un-
rechten Weg, damit er Orilus nicht treffe, — Crestien 4820,
Peredur c. 8, Loth S. 61.

Wolfram III 146, 21. An Artus wird die Zumuthung gestellt, sein Land herauszugeben und sich belehnen zu lassen, —
Crestien 2082; s. Märtens, Romanische Studien V 628.

Crestien 2123 ff. Percevals Grobheit gegen Artus, — Sir
Perceval 494. 575; s. oben S. 51.

Wolfram III 151, 13. Die Dame, die noch nie gelacht
hat, — Crestien 2237, s. meine Gralr. 23 und Nachtrag, die
Geschichte von Skadhi, Snorra Edda I 214, und oben S. 48.

Wolfram III 152, 23. Das Motiv des Stummen, der bei
Percevals Ankunft am Hofe Artus' wieder redet, — Peredur c. 4,
Loth S. 52, s. oben S. 48. 12. Im Prosa-Lancelot ed. 1533 III,
fo. 56 erscheint in einer Scene, die der entsprechenden bei
Crestien, Kiot, Peredur sehr ähnlich ist, eine Dame die nie ge-
sprochen hat und ein Narr. Die Dame fordert Perceval auf
den gefährlichen Sitz an Artus' Tafelrunde einzunehmen. Ist
dieser Stumme gleich Kiot's Antanor, so ist die Stummheit eine
freiwillige in Folge eines Gelübdes wie die Peredurs c. 15, Loth
S. 76, oder Wilhelms von Orlens in Rudolf's Roman oder Robert
des Teufels im Volksbuch von 1496, s. Bülow's Novellenbuch
IV 10, San Martes Arthursage 194. Auch in der altirischen
Heldensage redet Cuchulin durch ein Jahr nicht, Zimmer, Kuhn's
Zeitschrift XXVIII 611.

Crestien 2328. *Ains auvoie par carbonées escarbellié le
mort* u. s. w., — Sir Perceval 749 ff., s. oben S. 51.

Wolfram III 161, 25 *den tumben* (Parzival) *dûhte sêre, wie
der türne wüehse mêre*, s. 162, 2 ff., — Crestien 2518 *Et vit les
tours du castel nestre, K'avis li fu k'eles naissoient Et ke fors
de la roce issoient*.

Wolfram III. Gurnemanz, der Parcival das Fragen ver-
bietet, ist Percevals Oheim, — Peredur c. 6, Loth S. 57. S.
Didot's Perceval 449 f. und oben S. 48.

Wolfram III 170, 10. Gurnemanz räth Parzival nicht immer
von seiner Mutter zu reden, — Crestien 2867, Peredur c. 6,
Loth S. 58, oben S. 50.

Wolfram IV 180, 25. Pelrapeire im Königreich Brobarz,
— Crestien *Biau repaire*, 3582. 3863 ohne Angabe des Landes.
Durch den Namen und die bergige Lage bei Kiot IV 180, 19
würde der Ort zu Beaurepaire im Département Isère stimmen,
Arrondissement Vienne. Aber das Beaurepaire der Quelle liegt
am Meer, Kiot IV 200, 10, Crestien 3700. Das spricht auch
gegen die Vermuthung Hofmann's, Romanische Forschungen
I 438, dass die grosse Karthause in der Dauphiné gemeint sei,
wenn auch bei Kiot IV 190, 9. 24 wie bei Crestien 2948. 3103.
4120 Mönche und Nonnen erwähnt werden, ebenso Peredur
c. 9, Loth S. 65. Uebrigens gibt es noch drei Beaurepaire in
Nordfrankreich.

Wolfram IV 181, 7. Die schwankende Brücke bei Pelrapeire, — Crestien 2904.

Wolfram IV und schon III 177, 30. Der Name der Ge-
liebten Percevals war vielleicht ähnlich wie Kondwiramurs,
Lufamour, — Sir Perceval 1222 u. s. w. S. oben S. 50. Aehnlich
gebildet sind die Männernamen Eglamour, Prynsamour im Sir
Eglamour, und Galopamur in Hartmanns Erec 1671. S. die
Personen Galop, Amour in der Moralité ,Marchebeau' bei Le
Roux de Lincy.

Wolfram IV 186, 22. Kiot und Manphilot versorgen ihre
Nichte Kondwiramurs mit Speise, da sie als Mönche im Krieg
des Friedens geniessen, 190, 9. 24, — Crestien 2948. 3103.
4120, Peredur c. 9, Loth S. 65.

Wolfram IV 190, 13 *zwei buzzel mit win*, — Crestien 3106
Et. i. boucel plain de vin cuit.

Wolfram IV 192, 24 ff. Kondwiramurs schleicht sich an
Parzivals Bett, — Crestien 3156 ff., Peredur c. 9, Loth S. 65.
Ueber dieses besonders in den karolingischen Romanen sehr
häufige Motiv s. Jonckbloet, Zum Walewein II 301, Gautier,
Épopées françaises I 18. 19. 128, meine ostgothische Heldensage 86.

Crestien 3272. Blanscheflour (Kondwiramurs) kommt am
Morgen noch einmal zu Perceval, — Peredur c. 9, Loth S. 66,
s. oben S. 49.

Wolfram IV 198, 3. 214, 5. Die Besiegten, Kingrun und
Klamide, wollen nicht von dem Sieger Parzival zu Personen
geschickt werden, denen sie Uebles gethan haben, — Crestien
3422. 3858. S. Manessier 38397. 41282. 41778, Chevalier as

deus espees 5850, Waitz, Die Fortsetzungen von Crestien's Perceval 69, Prosa-Lancelot P. Paris V 128. 136, Demanda fol. 168ᶜ.

Wolfram IV 201, 19. Parzival heiratet Kondwiramurs gleich, nachdem er sie befreit hat, — Sir Perceval 1743; s. oben S. 50f. Wolfram V 225, 3. Der fischende Gralkönig und die Einzelheiten bei Parzivals Einladung und Empfang, — Crestien 4185. S. auch Didot's Perceval 464 und vgl. Gautier 24635. Wolfram V 231, 18. Beim Herumtragen der Lanze auf der Gralburg erhebt sich grosser Jammer, — Peredur c. 7, Loth S. 60. — Jammer, aber ohne Bezug auf die Lanze, Pseudo-Crestien* 261 *Par. iii.* *eures, trois fois le jor, Avoit laiens si grant dolor, Que nus hom si hardis ne fust, S'il l'oïst, que paour n'eust*, Pseudo-Gautier 20075. 20085, erster Interpolator Pseudo-Gautiers 40102. Bei Kiot, Peredur, Pseudo-Crestien* hört Perceval diesen Jammer, bei den übrigen Gawan. Bei allen ausser Wolfram-Kiot bezieht sich der Jammer auf einen Angehörigen des Gralhauses, der getödtet worden ist; s. oben S. 48. Wolfram V 231, 20. Die blutende Lanze, — Crestien 4376, Peredur c. 7, Loth S. 59. Zu den in meinen Gralr. 10 und Nachtrag gegebenen Parallelen s. die Erzählung von Kulwch und Olwen, Loth, Les Mabinogion I 258 *la pointe de sa lance se détachera de la hampe, elle tirera du sang du vent et descendra de nouveau sur la hampe*, vgl. S. 256 das Schwert, welches sich beim Herausziehen entzündet, und die brennende Lanze, Prosa-Lancelot P. Paris V 260. — Ueber die nationalkeltische Seite der Lanze, die bei Crestien 7542 in den meisten Handschriften hervortritt, s. Villemarqué, Contes populaires I 200, Jonckbloet Lancelot, erster Band, XXXI, zweiter Band V. 38614.

Wolfram V 234, 18. Die *mezzer*, — Crestien 4409 *tailléoir*, 4743. S. Didot's Perceval 464 und oben S. 12. 14.

Wolfram V 239, 1 *sinopel rôt* — Crestien 4511 *cler sirop*.

Wolfram V 239, 18. 253, 24. IX 434, 25. Das auch Sigunen bekannte Schwert, welches der Gralkönig Perceval schenkt, und das einmal brechen soll, — Crestien 4309. 4829; s. oben S. 43f., meine Gralr. 15. 17. 20.

Wolfram V 246, 23 er (Parzival) *tet als er tuon sol*, — Crestien 4542 bei derselben Gelegenheit, *Si se lieve au mius que il puet.*

Wolfram V 253, 30 f. *ein brunne stêt bi Karnant, dar nâh
der küner heizet Lac,* — Crestien 4849 *au lac*; s. oben S. 12.
Wolfram V 253, 30 ff., IX 434, 28. Das Schwert, welches
der Gralkönig Parzival geschenkt hat, wird brechen, aber von
seinem Verfertiger, dem Schmied Trebuchet, in dem *brunnen
Lac* wieder ganz gemacht werden, — Crestien 4318. 4837, in
einem See (*lac*). San Marte verweist Zeitschrift für deutsche
Philologie XVI 149 auf einen Bericht des Radulphus dicetus,
c. 1210, nach dem das Wasser des Flusses Calabus die Schwerter
schärfer mache, — s. auch Wolfram 254, 12 *ganz unde sterker
baz,* — *unde et Curtannum gladium Arthuri Caliburth dictum.*
Und auch Artus' Schwert ist ein Probeschwert, das seinen An-
sprüchen auf den Thron Geltung verschafft, wie im Merlin erzählt wird, s. meine Gralr. 20. — Der Name Trebuchet vergleicht
sich *trebuquiaus*, einer Kriegsmaschine, s. z. B. Ogier 6693.

Wolfram V 255, 4 wird Parzival von Sigunen wegen der
unterlassenen Frage gescholten, — Crestien 4747, Peredur c. 8,
Loth S. 61 schilt sie ihn auch, aber wegen des Todes seiner
Mutter. Der Didot'sche Perceval 466 stimmt zu Kiot und Crestien, aber die Dame ist nicht Sigune.

Wolfram V 256, 14. Das hässliche Pferd Jeschutens, X
520, 6 Malereatiures, — Crestien 4867. 8523. S. Heinrichs
Krone 19635. 19804.

Wolfram V 257, 11. 14. 260, 6. *sine* (Jeschute) *fuorte
niht wan knoden an,* — Crestien 4898 *à neus et à grosses cou-
tures de liu en liu est atachié.*

Wolfram VI 283, 15. Die Bewusstlosigkeit, in welche Parzival durch die Blutstropfen gerathen ist, — Crestien 5580.
S. Pseudo-Gautier 12541, Gautier 18744. 32876, Didot's Perceval 451, Förster zu Crestien's Erec 3762, den Aermelritter
im niederländischen Lancelot 15335, Märtens, Romanische Studien V 624.

Crestien 5728 ff. Das lange Gespräch zwischen Gawan
und Keie, — Peredur c. 14, Loth S. 72; s. oben S. 49.

Wolfram VI 313, 17. Kundrie, das hässliche Weib, —
Crestien 5992, Peredur c. 26, Loth S. 96. S. Rosete, Riscut,
die Geliebte des Beau Mauvais, (Gautier 25384, Didot's Perceval 453. 457, Demanda 29, Mariage Gauvain, Renauts Bel

Inconnu 25380. Zimmer weist das Motiv in der irischen Tradition nach, Kuhn's Zeitschrift XXVIII 559.

Wolfram VI 318, 6. Kundrie will Abends auf dem Wunderschloss sein, — Crestien 6067 auf Castiel orguellos.

Crestien 6067. 6101. Das *Castiel* oder *Mont Orguellos* kommt auch im Pseudo-Crestien 408 und Pseudo-Gautier 16223. 18245 vor, aber Gautier *Mont Orguellous,* 22203, ist es wahrscheinlich ein Fehler für *Mont Dolerous.*

Crestien 6102. Cahadins begibt sich nach dem Mont dolerous. Dieser Ort mit einem Pfeiler, an den nur ein ganz trefflicher Ritter sein Pferd anbinden kann, findet sich oft bei Gautier (22203). 29796. 30629. 30711. 33820. 33962, Waitz, Die Fortsetzungen von Crestien's Perceval S. 11, und ist auch sonst bekannt: Gottfried von Monmouth l. VII, c. 7 *montem dolorosum*, Niederländischer Lancelot 39069 und Jonckbloet I, XXIV, Martin Guillaume's Fergus XIX. XXI, Peredur c. 20, Loth S. 84 f. S. auch Eberhards von Cersne Minneregel 271. Crestien 6084. Ueber den Pui de Montesclaire s. meine Gralr. 24.

Wolfram VI 321, 19 und VIII. Der schöne Gegner Gawans, der König von Ascalon, — Crestien 6169. 6694, mit schwankender Orthographie, ist als besonders schön auch in Raouls Meraugis S. 3 bekannt. S. oben S. 36.

Wolfram VII 340, 7 *Gâwân dâhte: swer verzaget, sô daz er vliuhet ê man'n jaget, des sîme sinne gar ze fruo,* — dasselbe hat bei Crestien 4987 Perceval zu Jeschuten gesagt: *Içou vorroie-jou savoir, Por quel paor, por quel manace Je fuirai, quant ne me cace.*

Wolfram VII 351, 26 *al ir porten wâren vermûret,* — Crestien 6276 *bien furent les portes murées.*

Wolfram VII 364, 24 *dâ mac niht arges fiz geschehen,* — Crestien 6642 *par foi, ce ne me doit pas nuire.*

Wolfram VII. Der Held, Gawan, tritt in den Dienst eines kleinen Mädchens, — Crestien 6800 ff. S. Hartmann's Armer Heinrich, Berthold's Crane 3306, vielleicht nach Wolfram. In Didot's Perceval ist die Obilot entsprechende Dame kein kleines Mädchen; s. oben S. 55.

Wolfram VII 373, 8. Lippaut nimmt Obilot zu sich aufs Pferd, — Crestien 6764.

Wolfram VII 375, 10. Gawan trägt Obilots Aermel, welcher als der eines Kindes natürlich klein ist, s. oben S. 39, im Kampf, — Crestien 6830. S. Didot's Perceval 481. Vgl. den Aermelritter im niederländischen Lancelot 14581, Gaydon 149. 248, Guillaume d'Orange mis en nouveau langage 49, Reali di Francia l. II, c. 32.

Wolfram VIII 399, 27. Parzival findet Vergulaht, als dieser auf die Jagd reitet, mit Berufung auf die Quelle, — Crestien 7081, Peredur c. 27, Loth S. 99. S. Peredur c. 28, Loth S. 102.

Wolfram VIII 402, 9 *ir sult riten dort hin in*, — Crestien 7098 *alez-vous ent la dont je rieng*, Peredur c. 27, Loth S. 99. S. Peredur c. 28, Loth S. 102.

Wolfram VIII 402, 21. Vergulaht lobt seine Schwester vor Gawan, — Crestien 7102.

Wolfram VIII 402, 26. Vergulaht verspricht Gawan gute Aufnahme von seiner Schwester, — Crestien 7115, Peredur c. 27, Loth S. 99. S. Peredur c. 28, Loth S. 102. Statt der Schwester erscheint an letzterer Stelle die Tochter.

Wolfram VIII 403, 6. Vergulaht lässt seiner Schwester sagen, *daz sie sin war sô næm, daz langiu wile in diuhte ein kurziu île*, — Crestien 7117 *tel solas et tel compagnie li face qu'il ne li griet mie*.

Wolfram VIII 403, 17. Festigkeit von Vergulahts Burg, — Crestien 7135, Peredur c. 27, Loth S. 99.

Wolfram VIII 404, 21. Einführung Gawans bei Antikonien durch einen Ritter, — Crestien 7166. S. Peredur c. 28, Loth S. 102.

Wolfram VIII 407, 16. Scheltrede des Alten an Antikonie, — Crestien 7218, Peredur c. 27, Loth S. 99. Vgl. Peredur c. 28, Loth S. 103, der Bericht an den Vater des Mädchens.

Wolfram VIII 408, 1 ff. Der Aufruhr der Bürger gegen Gawan und Antikonie ist auch im Einzelnen ähnlich bei Crestien 7285ff., Peredur c. 27, Loth S. 100. Vgl. Peredur c. 28, Loth S. 103.

Wolfram VIII 408, 29. Gawan braucht ein Schachspiel als Waffe, — Crestien 7378, Peredur c. 27, Loth S. 100. S. Förster zu Aiol XXI, Garin le Loherain ed. Mone 205, Ogier 90. XLV, Parise 106, Renaus de Montauban 52, 9. 398, 8,

— Guy of Warwick 7512, — Albrechts Virginal 516, — irische Ueberlieferung weist Zimmer nach in Kuhn's Zeitschrift XXVIII 525.

Wolfram VIII 411, 7 ff. Kingrimursel vertheidigt seinen Feind Gawan, weil er in seinem Geleite ist, — Crestien 7412 ff. S. Rüdiger im Nibelungenlied 2081 ff. (Lachmann). Wolfram IX 433, 1. Markierter Uebergang der Erzählung von Gawan zu Parzival, — Crestien 7588 *de monseignor Gauvain se taist ici le contes à estal*, Peredur c. 26, Loth S. 101, *l'histoire n'en dit pas davantage au sujet de Gwalchmai à propos de cette expédition*. Ob das Beziehungen auf die Quelle sind, ist unsicher. Es könnte die gegenwärtige Erzählung gemeint sein.

Wolfram IX 446, 21. Der alte Ritter im Walde und seine Gesellschaft geht barfuss, — Crestien 7619.

Wolfram IX 447, 13. Der alte Ritter tadelt es, dass Parzival am Charfreitag reite, — Crestien 7632, Peredur c. 27. Loth S. 101. S. die Mahnung des Einsiedlers im Prosa-Lancelot, P. Paris III 188, und auch IV 206. 338.

Wolfram IX 447, 20. Parzival sagt: *hêrre, ich erkenne sus noch sô, wie des jâres urhap gestêt ode wie der wochen zal gêt. swie die tage sint genant, daz ist mir allez unbekant. ich diend eim' der heizet got, ê daz sô lasterlîchen spot sîn gunst über mich erhancte*, — Crestien 7635 *Et cil qui n'avoit nul apens De jor ne d'oure ne de tens*, — 7591 *Percevaus, ce conte l'estoire, A si perdue sa mémoire Que de Diu ne li sovient mès*, Peredur c. 28, Loth 101.

Wolfram IX 448, 2 Rede des alten Ritters, — Crestien 7639 ff.

Wolfram IX 460, 22. Parzival ist *fünfthalp jár und drî tage* gottlos umhergeirrt, s. 434, 11 ff., — Crestien 7595 *Ce sont .v. ans trestot entier*, 7598. 7609 f., 7612. 7738. Seine Thaten in diesem Zeitraume deuten beide Dichter nur an.

Wolfram IX 491, 1 *er mac geriten noch gegên*, sagt Trevrezent von Anfortas, — Crestien 4702 in der Rede Sigunens *Ne puet cevaucier ne errer*.

Wolfram IX 491, 13. Trevrezent sagt: *dâ von kom úz ein mære, er* (Anfortas) *wære ein fischære*, — Crestien 4698 Sigune: *por çou li roi pesciere a nom.*

Wolfram IX 491, 16. Trevrezent sagt: *salmen, lampríden hât er doch lützel veile,* — Crestien 7794 *mais ne quidies pas que il* (der Vater des Fischerkönigs) *ait lus ne lamproie ne saumon,* er nährt sich nur von der Hostie.

Wolfram IX 491, 20 ff. Parzival sagt Trevrezent, übereinstimmend mit der Erzählung V 225, 3, *in dem sê den künec ich vant geankert ûf dem wâge* u. s. w., — Crestien 4678 ff., Perceval erzählt Sigunen: *.ii. homes trovai Ersoir moult tart en une nef, Qui aloient nagant souef* u. s. w., entsprechend der Erzählung 4176.

Wolfram X 503, 5 ff., 21 ff., 504, 1. Die Erzählung wendet sich in markirter Weise zu Gawan zurück, — Crestien 7888. Bei Kiot bedeutet das ein Zurückgreifen um beinahe vier Jahre, wobei das was Gawan nach den Abenteuern von VII. VIII gethan hat, ganz allgemein angedeutet wird, s. oben S. 9. 36 f. Es folgt das Abenteuer mit Ogelusen, das fünf Jahre nach Parzivals erstem Besuch auf der Gralburg fällt, da Parzival, der nach den Angaben von IX fünf Jahre nach dieser Begebenheit herumgeirrt ist, am Schlusse des Orgelusenabenteuers wieder auf die Scene tritt, XIV, kurz vor seiner Erhebung zum Gralkönig. Gawan hatte sein Abenteuer von VIII vierzig Tage nach VI, der Verwünschung Percevals, der Beschimpfung Gawans an Artus' Hof erlebt, s. VI 321, 8, ein Jahr darauf fiel seine Versöhnung mit Vergulaht, VIII 418, 10. X 503, 5. — Bei Crestien 7888 ff. ist die Sache unklar: nach 7894 könnte man glauben, dass das Abenteuer mit Orgelusen sich unmittelbar an das mit Antikonien anschliesse. Aber auch bei ihm geht IX, Perceval bei Trevrezent, voraus, eine Begebenheit, die fünf Jahre nach VI fällt.

Wolfram X 507, 2. Lischoys Gwelljus hat Vrians in Âvestroit mâvoiê besiegt, X 521, 28, — Crestien 10015 *Et s'a à non li Orguelleus De la roce en l'estroite voie, Qui garde les pors de Gauvoie,* s. 9754 *Car chevaliers de mère nés Ne passa les pors de Galvoie.* Aehnlich sind die Namen *Li quens Galans del Gat-Destroit,* Durmart 6659. 7487, *Gaudins de Valesfrois* und die Stadt Gaut-destroi, Livre d'Artus, s. Freymond, Zeitschrift für romanische Philologie XVI 93, *Pediuere of the strayte marches,* Malory Mort Darthur I 210 (ed. Sommer), in einem Malory allein eigenen Stücke. Einen Ort Malestroit in der Bretagne verzeichnet Spruner Atlas N. 52.

Wolfram X 515, 1. Orgeluse enthüllt ihr Gesicht, — Crestien 8194.

Wolfram X 515, 24. Orgeluse will Gawan nicht ihre Hand berührcn lassen, — Crestien 8205.

Wolfram X 515, 29. Orgeluse will hinter Gawan reiten, — Crestien 8261.

Wolfram X 517, 22. Der hässliche Knappe, — Crestien 8350; s. die irische Tradition, Zimmer in Kuhn's Zeitschrift XXVIII 559.

Wolfram X 525, 2. Vrians sagt: *du hôrtst och vor dir sprechen ie, swer dem andern half daz er genas, daz er sin vient dâ nâch was,* — Crestien 8460 Gawan sagt: *Or oi-je por voir — Une proverbe c'on retrait, Que on dist: De bien fait col frait.* Eine Illustration zu diesem Erfahrungssatz bilden die Erzählungen, in denen der vom Galgen Gerettete als Diener seines Befreiers diesen betrügt, Le bonne Florence, Seghelijn, Hervararsaga c. 8, W. Mapes, De nugis curialium 106, meine Abhandlung über Orendel 90, WSB. CXXVI.

Wolfram X 522, 26. Gawan wird sein Pferd gestohlen, — Crestien 8433; s. Mort Aymeri 2083. Im Elie de St. Gille und im Octavian geschieht es dem Gegner des Helden.

Wolfram X 530, 24. Beschreibung des schlechten Sattels, — Crestien 8530.

Wolfram X 535, 7 *überz wazzer stuont daz kastel,* — Crestien 8592 *de l'autre part de l'eve sist uns castiaus.*

Wolfram X 543, 30. 548, 24. Der reiche Fährmann, — Crestien 8739. 8833; s. den reichen Fergen in den Nibelungen 1491 (Lachmann); meine Abhandlung über den Orendel 21 ff., WSB. CXXVI. — Wie ab und zu ein höflicher Pförtner vorkommt, so ist auch der höfliche Fährmann eine Ausnahme. In der Regel sind sie grob; Doon de Mayence 83 f., Girartz 832, Karlmeinet 136, 28.

Wolfram X 545, 21. Gawan will dem Fährmann den in dem Pferd des besiegten Ritters bestehenden Zoll nicht geben, weil er sonst zu Fuss gehen müsste, — Crestien 8753.

Wolfram X 546, 23 *megt ir's sô gewaltec sin,* — Crestien 8775 *se tant valés.*

Wolfram X 548, 10 *gar âventiure ist al diz lant,* — Crestien 8824 *Car c'est une terre sauvage Tote plaine de grans merveilles.*

5*

Wolfram XI 557, 7. *Lit marreile,* — Crestien 9179 *li lit
de merveille.*

Wolfram XI 560, 15. Gawan sagt: *tragt mir min harnasch
her,* — Crestien 8970 *Et mes armes et mon ceval Me faites sans
demeure rendre.*

· Wolfram XI 561, 5. 562, 23. Der Kaufmann, Wechsler,
vor dem Thor der Wunderburg, in einer verständlicheren
Function als bei Crestien 9012; s. oben S. 33. Wenn Crestien
von diesem Wechsler sagt: *n'avoit pas les mains huiseuses Li
eskiekiers, ainçois tenoit .I. kanivet et s'entendoit A doler, .i.
baston en frasne,* so ist dahinter nichts zu suchen; s. Guillaume Fergus 36, 31. 167, 14, wo Gawan und Artus schnitzen;
wohl eine symptomatische Bezeichnung der Musse wie das
Schachspielen. Eine ebenso unerwartete und unverhältnissmässig
genaue Schilderung des Zustandes ist es übrigens, wenn Pseudo-
Crestien [b] 980 Herzeloydens Knappe den Meier findet *apoié Par
desor le dossel d'un lit,* s. auch Crestien's Gralr. 3969 Keies
Aussehen.

Wolfram XI 566, 16. Das Wunderbett ruht auf Rädern, —
Crestien 9070.

Nach Crestien 9632 erhält der erschöpfte Gawan ein
Schlafkissen statt der Schlafwurzel bei Wolfram XI 580, 27.
Ein solches Kissen ist aus Eilharts Tristan bekannt, auf das
Wolfram XI 573, 14 anspielt.

Wolfram XII 589, 1. Die Wendeltreppe im Wunderschloss, — Crestien 9657 *As fenestres d'une tornièle;* oder ist
das so viel als *torrièle,* wie das Locale 9731 heisst?

Wolfram XII 589, 5. Etwas Aehnliches wie die Wundersäule bei Kiot, wofür Crestien Glasscheiben einsetzte, s. oben
S. 33, muss auch im Originale vorgekommen sein. Eine Säule
wie die bei Kiot findet sich im Peredur c. 23, Loth S. 87, aber
unter ganz anderen Umständen; vgl. auch Benoist's Aeneide
7604 (ed. Salverda), von der Hagen Gesammtabenteuer III,
S. CXXXIII f., Bandello's Novellen I 21.

Wolfram XII 596, 10 *in einem ussiere,* — Crestien
9738 *el bac.*

Wolfram XII 600, 12 *Li gweiz prelljus,* — Crestien 9866
li gués perelleus. — Auf einen, wie es scheint, anderen *gweiz
prelljus* wird Wolfram XII 583, 25 angespielt.

Wolfram XII 600, 25. Gawan sagt: *swâ daz rîs stêt, daz alsô hôhen prîs mir ze swelden mac bejagen, daz ich iu, frouwe, müeze klagen nâch iuwern hulden mîne nôt, daz brich' ich, ob mich lât der tôt,* — Crestien 9846 *Ains que je perge vostre grasce Le ferai se je onques puis.*

Wolfram XII 610, 12 *Bems bî der Korkâ,* worin nach Bartsch der Ortsname Orcanie steckt, — Crestien 10258; vgl. *Orcanelens* 9994, G. Paris Merlin XL.

Wolfram XII 625, 4. Lob des Knappen, den Gawan zu Artus schickt, — Crestien 10445.

Wolfram XII 625, 18. Gawan versichert in dem Briefe, den er durch den Knappen schickt, Artus seiner Ergebenheit, — Crestien 10480.

Wolfram XIII 631, 22. Gespräch Gawans mit Itonje, unter Berufung auf die Quelle, — Crestien 10372.

Wolfram XIII 634, 11. Itonje sagt zu Gawan: *swaz er* (Gramoflanz) *kumbers ie gewan, dâ bin ich gar unschuldec an : wan sinen lip hân ich gewert mit gedanken swes er an mich gert,* — Crestien 10390 *Mais si* (Guiromelaus') *mesage m'ont proie Tant que jou li ai otroie M'amor, n'en mentiroie mie; De plus ne sui encor s'amie.*

Wolfram XIII 648, 4. *die höveschen pruoften niniu* (des Knappen) *kleit,* — Crestien 10561 *Et li varlet vont regardant, Dient qu'il* (der Knappe) *vient à grant besoing.*

Ja auch noch über den als Crestienisch bezeugten Theil des französischen Romanes bei 10601, also im Anfang von Pseudo-Gautier, hat Bartsch noch auf wörtliche Uebereinstimmungen verwiesen; eine ist jedenfalls auffällig. XIII 650, 10 *Artûs sprach* (zum Knappen): *trûtgeselle mîn, trac disen brief der künegîn, lâz sie dran lesen und sagen wes wir uns fröuwen und waz wir klagen,* — Crestien 10712 *Amis, fait-il, à la roïne T"en ra moult tos et si li di Ce dont tu m'as moult esbaudi.*

Ueber die nicht vollkommen ins Ritterliche umgestalteten volksthümlich-märchenhaften Motive, die Dümmlingsnatur Percevals, die Lehren der Mutter als Rahmen, die Hofdame, die nie gelacht hat und von Keie geschlagen wird, die Blutstropfen im Schnee, das Wunderschloss als Todtenreich s. meine Gralr. 23.

Bei Schilderung von ritterlichen Kämpfen ist es in der französischen Epik üblich, dass erst gesagt wird, welche

Wirkung der Lanzenstoss des Unterliegenden ausübte, dann
welche der des Siegers; Chevalier as deus espees 1117, Floriant
2234. 2264, Gefährlicher Kirchhof 276, Raouls Meraugis 73,
Vengeance Raguidel 3228. 3500, Aermelritter im niederländischen Lancelot 14845, Renauds Bel Inconnu 2658. Ebenso bei
Crestien und Kiot in den Berichten über die Niederlagen Segremors' und Keies durch Perceval, des Orguellous de la roce en
l'estroite voie oder des Turkoiten Florant, zweier Ritter Orgelusens, durch Gawan: VI 288, 21, Crestien 5643, — VI 295, 13,
Crestien 5682, — XII 597, 28, Crestien 8707.

Rationalistische Gesinnung verräth es, wenn das Allein-
bleiben Percevals nach seinem ersten Besuch auf der Gralburg
als ganz natürlich, als ein Ausdruck der Abneigung gegen den
saumseligen Frager dargestellt wird, Kiot V 247, 1 ff., Crestien
4537 ff.; s. meine Gralr. 31 und Nachtrag. — Der Reichthum
des Fährmannes erklärt sich durch die Pferde der geschlagenen
Ritter, Kiot X 544, 2, Crestien 8739 ff., 8834. S. über die
reichen Fährmänner, Fischer, Müller, oben S. 67 und meine
Abhandlung über den Orendel 21 f. WSB. CXXVI, wo noch
der Müller im Peredur c. 25, Loth 92 hätte angeführt werden
können. — Das herumfahrende Wunderbett bewegt sich auf
Rädern, Kiot XI 566, 16, Crestien 9070, oben S. 68.

Diese Quelle Kiot's und Crestien's hatte einige Unklarheiten,
die sich zum Theil noch in den Ableitungen finden, wenn sich
auch beide Dichter hie und da bemüht haben werden sie zu
erhellen. Letzteres hat Kiot gethan durch die Ausführung des
Sigune- und Schionatulandermotivs, wodurch die bei Crestien
ganz undeutliche Beziehung Sigunens zu Herzeloyden, die Zeit
ihres Zusammenlebens, klar gemacht wurde; s. oben S. 29. Dagegen hat Crestien die Hilflosigkeit an Artus' Hof bei der Beleidigung des rothen Ritters erklärt; s. oben S. 38.
    Wenn bei Crestien Perceval seinen Namen erräth, s. oben
S. 34, 58, so wird der Dichter ein *devine son nom* der Quelle
falsch bezogen haben: Kiot erkannte, dass nur Sigune die Er-
rathende sein kann und führte die Darstellung weiter aus durch
den traditionellen Zug, dass Parzival von seiner Mutter nur
bon fiz u. s. w. genannt worden sei und dieser Sigunen auf

ihre Frage nach seinem Namen mit diesen Appellativen geantwortet habe. Ebenso mag es sich mit den anderen Missverständnissen Crestien's, s. oben S. 33. 34. 39, verhalten haben. Das Verhältniss Sigunens zu Herzeloyden und Parzival war also nur angedeutet; s. oben S. 29, — die Hilflosigkeit von Artus' Hof bei der Beleidigung des rothen Ritters nicht erklärt, — Frage und Antwort Sigunens und Parzivals bei ihrer ersten Begegnung undeutlich; s. oben S. 70. Die Bedeutung des Schwertes, welches der Gralkönig Perceval gibt, bleibt dunkel; s. oben S. 34. 43. 62. Bei Crestien selbst kommt es gar nicht weiter vor, seine Fortsetzer Manessier und Gerbert lassen es bei ganz unbedeutenden Anlässen brechen, s. meine Gralr. 15. 17. 20., ebenso Wolfram IX 434, 25. Die Heldenthaten, zu denen es diente, werden nur ganz allgemein angedeutet, Crestien 7599 ff., Wolfram IX 434, 11 ff. Woher kennt es Sigune? Wolfram V 253, 24, Crestien 4829.

Ueber die Vorgeschichte des Grals können nur sehr allgemeine Angaben gemacht worden sein: jedenfalls war in der Quelle nicht von seiner Identität mit der Abendmahlschüssel die Rede. — Ebenso war daselbst die Lanze nicht als die des Longinus bezeichnet.

Die Figur der Kundrie zeigt, bei Crestien, eine unverständliche Beziehung zum Castiel orguellos, das nicht gleich dem Wunderschlosse ist, wo die entrückten oder entflohenen Frauen sich aufhalten, 6068. Ueber ihr Verhältniss zum Wunderschloss in der Umformung bei Kiot, VI 318, 24, s. oben S. 32.

Der Ausgang von Gawans Conflict mit Vergulaht, dem König von Ascalon, und Kingrimursel fehlte in der Quelle; s. oben S. 9. 34.

Ueber die Chronologie von Gawans Abenteuern s. oben S. 66.

Auffällig ist es auch, dass die Damen auf dem Wunderschlosse, das ist die Mutter und Schwester Artus' und der letzteren Tochter, keine Sehnsucht zeigen in die Welt und an den Hof Artus' zurückzukommen, obwohl Yguierne-Arnive sich nach dem Hofe erkundigt, Crestien 9505 ff., — während sie doch vom Dichter nicht als abgeschiedene Seelen dargestellt werden und die jüngste sogar ein Liebesverhältniss mit einem irdischen Ritter anknüpft. Hier hat Kiot geändert, s. oben S. 30. 40. 69.

Auch nur aus dem märchenhaften Motiv, dass das Wunderschloss ein Todtenreich ist, erklärt sich die Melancholie Gawans,
als ihm die Kunde wird, dass er als Herr der Burg dieselbe
nicht verlassen dürfe, Crestien 9400. 9420. 9447. 9573. Aber
die Vorstellung ist nicht eingehalten, denn er ist durch das
Gespräch mit Yguierne-Arnive rasch getröstet und darf auch
alsbald das Schloss verlassen, nachdem er Orgelusen mit ihrem
Begleiter gesehen.

Eine gewisse Unklarheit liegt auch in der Namenlosigkeit
vieler Personen, welche wir wohl der Quelle zuschreiben dürfen.
Denn durch dieselbe erklärt sich am leichtesten, dass die Namen
bei Kiot und Crestien so oft abweichen, oder Crestien nach
seiner Manier seine Personen namenlos lässt, während Kiot sie
benennt, s. Küpp, Zeitschrift für deutsche Philologie XVII 71.
Vielleicht beruht auch die S. 46 f. besprochene Dunkelheit bei
Kiot darauf.

Auffallend ist dabei, dass so unbedeutende Personen wie
Garin le fil Bertain und sein Sohn Hermann benannt sind,
Crestien 6624 ff., aber Herzeloyde, Sigune, Trevrezent, Anfortas
nicht, — dass Guigambresil gleich 6127 beim Namen genannt wird.

Ausserdem bot die Quelle einige Seltsamkeiten der Com-
position, die sich hie und da bis zu Widersprüchen steigerten.
So bilden die Lehren der Mutter an Parzival, Wolfram
III 127, 13 ff., Crestien 1721 ff., den Rahmen nur für einen
kleinen Theil von den Abenteuern des Helden; s. meine
Gralr. 14. 23.

Sie passen auch nicht gut zu der lächerlichen Ausrüstung,
welche die Mutter ihm gegeben hat, Wolfram III 126, 22 ff.,
Crestien 1692 ff.; s. W. Hertz, Die Sage vom Parzival und dem
Gral 29.

Lehren für das ritterliche Leben erhält Perceval von der
Mutter wie von Gurnemanz, Wolfram III 127, 13 ff., Crestien
1704 ff. Dabei fällt es in der Darstellung Kiot's auf, dass Parzival, der Verwandte Gurnemanz', von diesem, dem er doch
seine Geschichte erzählt, nicht als solcher erkannt, sondern nur
der rothe Ritter genannt wird, III 169, 28, während Parzival
seinen eigenen Namen doch schon durch Sigune erfahren hat,

III 140, 16, — bei Crestien, dass die geistlichen Lehren Herzeloydens und Gurnemanz' sich so ähneln, dass der junge Perceval
bei letzteren selbst sagt *Qu'autel oï ma mère dire*, und dass
Perceval den Ritterschlag, den er doch schon durch Artus' em-
pfangen hat, 2560. 2816. 2878, von Gurnemanz noch einmal erhält, 2816; Küpp, Zeitschrift für deutsche Philologie XVII 65.
Diese Ungleichmässigkeiten der Quelle, welche Kiot und Crestien zum Theile beseitigt haben, weisen auf ursprüngliche Selbständigkeit der Gurnemanzepisode, die in der Quelle noch er-
sichtlich war.

Nach seinem ersten Besuche auf der Gralburg wird Perceval von Sigunen, Kundrien und Trevrezent wegen der Unterlassung der Frage getadelt und erhält von Sigunen und Trevrezent Belehrung über den Gral, Wolfram V 253, 19 ff., VI 314, 23 ff.,
IX 461, 1 ff., Crestien 4661 ff., 6024 ff., 7738 ff. Dabei zeigt
Crestien noch die weitere Inconcinnität, dass Trevrezent sagt
7766 *Amis moult t'a néu Uns péciés dont tu ne sès mot, Ce fu
li dious que ta mère ot De toi quant tu partis de li, K'a tière
pasmée kaï Au cief del pont devant la porte Et de ce duel fu
ele morte.* Trevrezent kann allerdings nicht wissen, dass Perceval das bereits durch Sigune erfahren hat, 4769, aber der Dichter
wusste es doch. — Dass die Belehrung über den Gral bei Crestien
zu früh kommt, ist in meinen Gralr. 12. 15 gezeigt. Kiot hat
diese Schwierigkeit durch seine Verwandlung der Erkundigungs-
in eine Mitleidsfrage beseitigt; s. oben S. 35. — Crestien sagt
zwar nicht ausdrücklich, dass die Frage zufällig geschehen
müsse, dass man den Gralsucher nicht daran erinnern dürfe,
wie Wolfram V 240, 6. IX 501. 2. XVI 795, 15, aber es war
doch wahrscheinlich seine Meinung, s. meine Gralr. 12. 15.
Parzival aber erfährt bei Wolfram und Crestien durch Sigune,
Kundrie, Trevrezent, dass er die Frage — bei Crestien die
zwei Fragen nach Gral und Lanze — versäumt hat, thut sie
also am Schlusse absichtlich, — das darf man auch in Crestien's
Plan voraussetzen, — und sie wirkt doch. Vielleicht war die
Meinung der gemeinsamen Quelle, dass die Gnade Gottes oder
des Grals Parzival seiner Tugend und Reue wegen von der
Bedingung der Unabsichtlichkeit befreite.

Perceval besiegt zwar den Stolzen von La Lande, der den
Bräutigam seiner Cousine getödtet hat, Crestien 4643. 5001, und

in der Interpolation 5225, aber mit keinem Worte wird dies
als ein Act der Rache bezeichnet, er thut es vielmehr nur um
Jeschuten wieder mit ihrem Gatten zu versöhnen, Wolfram
V 262, 1 ff., Crestien 5092 ff., ein Zeichen, dass ursprünglich
vielleicht in der Vorlage, der Quelle, Sigune gar nicht mit
Perceval verwandt war; s. oben S. 41 über die Episode von
Hurganet im Didot'schen Perceval.

Perceval wird trotz seiner rothen Rüstung, die ihm den
Namen des rothen Ritters verschafft hat, von den Rittern am
Hofe Artus' nicht erkannt, Crestien 5519 ff., Wolfram VI; s.
Jellinek-Kraus, Zeitschr. f. d. österr. Gymn. 1893, S. 685 f.
Im Peredur fehlt dieser Widerspruch, da hier die rothe Farbe
der Rüstung nicht erwähnt wird, c. 4, Loth S. 51, c. 13,
Loth S. 70. Dem wälschen Redactor schien der Umstand wohl
unverständlich oder unwichtig.

Kundrie kündigt eine Reihe von Abenteuern an, aber
nicht das vom Wunderschloss, und während Gawan und Giflet
sich entschliessen nach Pui de Montesclaire und dem Castel
orguellos zu ziehen, will Cahadins auf den Mont dolerous, den
Kundrie gar nicht genannt hat, Crestien 6112. S. oben S. 32.

Guigambresil hat 6137 ff. nichts davon gesagt, dass Gawan
in keine Stadt des Königs von Ascalon kommen solle, wie er
7518 behauptet. Doch ist möglicher Weise Kiot VI 324, 25
etwas Aehnliches gemeint: *ouch gib' ich im vride übr al daz lant
niuwan von min eines hant.*

Thiebaut tadelt seine ältere Tochter, Crestien 6822, dass
sie die jüngere bei den Zöpfen gezogen und geschlagen habe.
Nur letzteres war 6426 erzählt worden.

Wieso erkennt Gawan Vrians, bei Crestien Griogoras,
nicht gleich, Wolfram X 524, 10, Crestien 8425. 8470, da sie
doch, wie aus dem Folgenden sich ergibt, am Hofe Artus' in
sehr nahe Berührung gekommen waren?

Nach Crestien 9540 ist Artus hundert, nach 10106 sech-
zig Jahre alt.

Wie ich in meinen Gralr. 62 gesagt habe, wäre Crestien
kaum der Schwierigkeit entgangen, den geheilten Fischerkönig
alsbald sterben zu lassen. Das war höchst wahrscheinlich die
Ansicht seiner Quelle, während Kiot durch das neue Motiv von
der Sünde des Anfortas einen Ausweg fand, s. oben S. 31. 32 f.

Im Vordergrund der Scene ist für einen Theil des Romanes Gawan, nicht Perceval, in der Reihenfolge Perceval, Gawan, Perceval, Gawan. — Ueber das chronologische Zurückgreifen oben S. 66.

Sehr reich war Crestien's und Kiot's Quelle an Parallelen. Auf die Belehrung Parzivals durch seine Mutter und Gurnemanz, durch Sigune und Trevrezent, den Tadel wegen der unterlassenen Frage, den er von Sigunen, Kundrien und Trevrezent erhält, ist soeben S. 72, 73 hingewiesen worden. Ausserdem s. Kundrie, die hässliche Gralbotin, und Malcreatiure, den hässlichen Knappen Orgelusens, die in Beziehung zum Wunderschloss steht. — Wie Perceval wird auch Gawan am Hofe Artus' schwer beschimpft. Der Scheltrede Kundriens entspricht die Kingrimursels, Wolfram VI 320, 26, Crestien 6135. — Perceval wie Gawan ziehen sich durch ihre Vertraulichkeit mit Jeschuten, mit Antikonien, tödtliche Feindschaften zu. — Beide bestehen ein wichtiges Abenteuer, gewinnen das Gralreich, das Wunderschloss, — und vielleicht wollte auch Crestien wie Wolfram Perceval, nachdem er die Frage zum zweiten Mal gethan, mit Blancheflour-Kondwiramurs vereinigen, wodurch eine Parallele mit Gawans und Orgelusens Heirat entstünde. — Sigune und Orgeluse zeigen verschiedene Frauentypen unter denselben Umständen: beide beweinen den Tod ihres Geliebten, die eine will ihn rächen und vergisst ihn, die andere denkt nicht an Rache, Wolfram III 141, 30, Crestien 4825, und bewahrt ihm unwandelbare Treue nach dem Tode. Eine Art Parodie zu beiden ist die namenlose Geliebte Vrians-Griogoras', der sich an Gawan für den an Artus' Hof erlittenen Schimpf rächt; Wolfram X 505, 10 ff., Crestien 7915 ff. — Klamide und Vergulaht lassen sich durch Untergebene, Kingrun und Kingrimursel vertreten, Wolfram IV. VI. VIII. — Ganz ähnlich sind auch die Anschuldigungen, welche Vergulaht, der König von Ascalon, und Gramoflanz gegen Gawan erheben, er habe Vergulahts Vater, oder Gawans Vater Lot habe Gramoflanz' Vater heimtückisch *im gruoze* getödtet, Wolfram VI 321, 10, Crestien 6137, Wolfram XII 608, 22. XIV 728, 6, Crestien 10147. — Der sittlichen Läuterung Percevals entspricht die Orgelusens, welche Gawan so sehr gequält hatte, Wolfram XII 611, 20 ff., Crestien 10287 ff.

Die ganze Rolle Gawans ist eine contrastierende Parallele
zu der Percevals, des Helden, und steht ihr an Umfang nur
wenig nach; s. meine Gralr. 24, wo auf das gleiche Verhältniss im Chevalier as deus espees hingewiesen wird. — Wie
hätte der Dichter auch durch fünf Jahre sich mit dem ver-
zweifelnden, Gott und der Welt zürnenden Helden befassen
können?

Eine deutliche Steigerung der Wichtigkeit, der Gefahr,
des Ruhmes und Lohnes zeigen Parzivals Abenteuer bis zum
ersten und zweiten Besuch auf der Gralburg, die drei Gawans
bei Obie, Obilot, bei Antikonien und auf dem Wunderschloss. —
Und im Augenblick des höchsten weltlichen Erfolges, als Parceval an Artus' Hofe aufgenommen wird, naht die Katastrophe.

Die Perceval- und Gawanreihe dieser Abenteuer sind dadurch verknüpft, dass Parzival nach seinem ersten Besuche
auf der Gralburg und Gawan vor seinem Auszug, der ihn zu
den genannten Abenteuern führt, am Hofe Artus' zusammen-
kommen und zur selben Zeit jene entehrenden Vorwürfe hören
müssen, die ihre späteren Thaten und Geschicke bedingen.

Was die poetische Ausführung betrifft, so verwendete die
gemeinsame Quelle häufigen Scenenwechsel, sowohl bei Gleich-
zeitigkeit als bei zeitlicher Abfolge der geschilderten Begebenheiten. San Marte hat dies für Wolfram angemerkt in seinen
Parzivalstudien III 242 f. Nur ist bei Wolfram, also wahrscheinlich auch bei Kiot, diese Kunstform viel entwickelter, insofern
die zwei parallelen Reihen von Begebenheiten in noch kleinere
Stücke zerschnitten sind. — So in der Befreiung Blancheflour-
Kondwiramus. Crestien 2902 in Beaurepaire, Perceval kommt
dahin, — 3354 vor Beaurepaire, Guigeron wird von Perceval
besiegt, — 3504 Guigeron und sein Heer ziehen ab, — 3508
in Beaurepaire, — 3539 vor Beaurepaire, Klamadius' Angriff, — 3692 in Beaurepaire, Ankunft der Schiffe, — 3762
vor Beaurepaire, Clamadius fordert Perceval heraus, — 3776
in Beaurepaire, — 3829 vor Beaurepaire, Perceval besiegt
Clamadius, — 3885 dieser geht erst nach Hause, dann zu
Artus, — 4088 in Beaurepaire.

Bei Wolfram: IV 182, 7 in Pelrapeire, Parzival kommt dahin, — 196, 24 vor Pelrapeire, Kingrun wird von Parzival besiegt, — 199, 15 in Pelrapeire, Ankunft der Schiffe, — 203, 12 vor Pelrapeire, Klamide entschliesst sich zum Angriff, — 205, 17 in Pelrapeire, — 206, 5 vor Pelrapeire, Kingrun zu Artus, Schlacht vor Pelrapeire, — 208, 23 in Pelrapeire, — 208, 26 vor Pelrapeire, — 208, 27 in Pelrapeire, — 209, 2 vor Pelrapeire, — 209, 25 in Pelrapeire, — 210, 5 vor Pelrapeire, Parzival besiegt Klamide, — Klamide zu Artus, — 222, 29 in Pelrapeire.

Im Kampf vor Tintarguel-Bearosche: Crestien 6264 in der Stadt, — 6286 vor der Stadt, Gawan kommt dahin, — 6300 in der Stadt, der Vavassor, die Damen, — 6460 vor der Stadt, Gawan hört das Gespräch der Damen, — 6496 in der Stadt, die Damen, — 6518 vor der Stadt, Gawan schüchtert den Knappen ein, — 6544 in der Stadt, Gawan findet in ihr Herberge, bekommt den Aermel, — 6891 vor der Stadt, Gawan besiegt Melians, — 6910 in der Stadt, die Dameu, — 6946 vor der Stadt, — 6968 in der Stadt, in welche Gawan zurückkehrt.

Bei Wolfram: VII 350, 16 vor der Stadt, Gawan kommt dahin, — 352, 7 in der Stadt, die Damen, — 352, 27 vor der Stadt, — 353, 12 in der Stadt, die Damen, — 354, 1 vor der Stadt, Gawan hört ihre Reden, — 354, 4 in der Stadt, — 356, 29 vor der Stadt, Kampf, — 357, 29 in der Stadt, die Damen, — 358, 16 vor der Stadt, Gawan hört ihre Reden, — 360, 6 in der Stadt, — 360, 17 vor der Stadt, Gawan schüchtert den Knappen ein, — 360, 30 in der Stadt, — 361, 19 vor der Stadt, Gawan eingeladen, — 362, 19 in der Stadt, Gawan findet daselbst Herberge, — 378, 7 vor der Stadt, — 378, 21 in der Stadt, Gawan erhält Obilots Aermel, — 378, 28 vor der Stadt, Gawan besiegt Melianz, — 389, 15 in der Stadt, Gawan zurück.

In dem Gawanabenteuer ist der Scenenwechsel dadurch vermittelt, dass oft die Damen von der Stadtmauer aus die Vorgänge im Lager beobachten.

78

VI. Kiot.

Es ist nun zu untersuchen, was Kiot, was Crestien aus ihrer Quelle gemacht haben. Ueber den Stoff Kiot's, insofern er sich von Crestien unterscheidet, ist oben S. 28 ff. gehandelt. Dieser selbständige Theil Kiot's zeigt Uebereinstimmungen mit der übrigen französischen Grallitteratur; s. meine Gralr. 189. Die Bezeichnung und Anordnung der Quellen, welche ich hierbei brauche und beobachte, ist folgende: Ps. Cr., Pseudo-Crestien, — Cr., Crestien, — Ps. Gaut., Pseudo-Gautier, — Ps. Gaut. I. erste, Ps. Gaut. II, zweite Interpolation in Pseudo-Gautier, — Gaut., Gautier, — Man., Manessier, — Gerb., Gerbert (Alles bis hieher in Potvin's Perceval le Gallois), — Did. Perc., Didotscher Perceval, — Gr. St. Gr., Grand Saint-Graal (beides in Hucher's Le Saint-Graal), — Qu., Quête (ed. Furnivall), — Qu. bei Tress., Quête in Tressans Prosa-Tristan (Tressan, Corps d'Extraits des Romans de chevalerie 1782 I), — Dem., Demanda (ed. Reinhardstöttner und Handschrift), — Perl., Perlesvaus (ed. Potvin, s. oben), — Pered., Peredur (in den Ausgaben der Mabinogion von Guest und Loth), — L. Art., Livre d'Artus; s. Freymond, Zeitschrift für romanische Philologie XVI.

Bei dem ganzen Abschnitt über Kiot ist in Betracht zu ziehen, dass viele Fälle, welche sich auf XIII 649, 1 bis zum Schluss beziehen, zweifelhaft sind, insofern sie, da Crestien fehlt, möglicherweise der gemeinsamen Quelle angehören. Nur der bequemeren Uebersicht wegen sind sie mit den anderen angeführt.

Kiot stimmt mit Ps. Cr.[a], Ps. Gaut. — V 241, 1. Der Dichter will nicht vor dem richtigen Zeitpunkt vom Gral sprechen, s. IX 453, 5. — Ps. Cr.[a] 4 *C'est del Graal, dont nus ne doit Le secret dire ne conter; Car tel chose poroit monter Li contes ains qu'il fust tos dis Que teus hom en seroit maris Qui ne l'auroie mie forfait; Por ce fait ke sages ki lait Et s'en passe outre simplement; Car, se maistre Blihis ne ment, Nus ne doit dire le secré,* 317 *Mais jà ne m'en orés parler,* (vom Gral), *Car Perceval le doit conter Ça en avant, emmi le conte. Grans vilonie est et grans honte, De si bon conte desmenbrer, Fors ensi com il doit aler;* 345 *Cascune des gardes dira*

Endroit soi que la cort trova; avant ne doit pas estre dit, —
Ps. Gaut. 19933 *Mais la mervelle qu'il trova* (Gawan) *Dont
maintes fois s'espoenta Ne doit nus hom conter ne dire; cil ki
le dist en a grant ire; car c'est le singnes del Graal; S'en puet
avoir et paine et mal Cil qui s'entremet del conter Fors ensi
com il doit aler,* s. oben Ps. Cr.ᵃ — Vgl. Ps. Gaut. 14985
Ne voel pas ci endroit conter (von der treuen Guimer nämlich),
Mais ça avant i tornerai Là n liu et tans troverai.
Mit Ps. Cr.ᵃ, Ps. Gaut., Ps. Gaut. I., Man., Pered. —
Nur eine sehr ferne Aehnlichkeit ist es, wenn bei Kiot wie in
den genannten Werken ein Verwandter Parzivals, Schionatulander, getödtet wird, der sonst mit Goon keine übereinstimmenden Züge zeigt; Ps. Cr.ᵃ 253, Ps. Gaut. 20027, Ps. Gaut.
I 51, Man. 35187 ff., Pered. c. 30, Loth. S. 109.

Mit Ps. Cr.ᵇ — Perceval kommt zur Welt, nachdem sein
Vater im Kampf gefallen ist, Kiot II, Ps. Cr.ᵇ 734; s. oben S. 49.
— Während Herzeloyde mit Parzival in der Wildniss weilt,
verwaltet ihr Neffe das Land; Ps. Cr.ᵇ 1105. Das könnte Kiot's
Schionatulander sein; s. oben S. 22. 29. 41.

Mit Ps. Cr.ᵇ, Pered. — Herzeloyde zieht sich in die Wildniss zurück, damit ihr Sohn vor den Gefahren des Ritterthums
bewahrt bleibe, Kiot III, Ps. Cr.ᵇ 948 ff., Pered. c. 1, Loth S. 46.

Mit Ps. Gaut. — Artus' Mutter und ihre Tochter haben
lebend, nicht todt, wie bei Crestien 10061, den Hof verlassen,
Kiot II, Ps. Gaut. 10956 ff.; s. oben S. 30. 40.

Mit Ps. Gaut., Ps. Gaut. I, Ps. Gaut. II, Gaut., Man.,
Gerb., Gr. St. Gr., Qu., Pered. — Das Motiv der Schwertprobe des Gralhelden, s. oben S. 43 f. Ps. Gaut. 20189, Ps.
Gaut. I 125 ff., Ps. Gaut. II 200, Gaut. 34890, Man. 35275,
Gerb. S. 162, — Gr. St. Gr. und Qu., Birch-Hirschfeld 26. 49,
Pered. c. 7, Loth S. 59. — In den poetischen Quellen ist das
gebrochene Schwert jenes, mit welchem ein Verwandter des
Fischerkönigs, Goon, getödtet worden war, im Grand St. Graal
und der Quête hatte in Urzeiten Joseph von Arimathia damit
eine Wunde erhalten, im Peredur erfährt man gar nichts über
die Rolle, welche das Schwert, das dem Helden zur Kraftprobe
dient, gespielt hat. S. meine Gralr. 70.

S. oben ,Mit Ps. Cr.ᵃ, Ps. Gaut.ʻ, — ,Mit Ps. Cr.ᵃ, Ps.
Gaut., Ps. Gaut. I., Man., Pered.ʻ

S. oben ‚Mit Ps. Cr.ª, Ps. Gaut., Ps. Gaut. I, Man., Percd.,
Mit Ps. Gaut. II, Gr. St. Gr., Qu., Dem. — Der Gral
gewährt welche Speise man will, Kiot V 238, 18. IX 470, 11.
XVI 810, 4, Ps. Gaut. II 173, Gr. St. Gr. II 127 f., III 204 ff.
Qu. ch. I 13, Dem. 17; s. meine Gralr. 48. 97, Golther, Litteratur-
blatt für germanische und romanische Philologie 1892 S. 53,
Wigamur 1626, von einer Quelle, Sveidalslied, Falk, Arkiv för
nordisk filologi IX 350.
S. oben ‚Mit Ps. Gaut., Ps. Gaut. I, Ps. Gaut. II, Gaut.,
Man., Gerb., Gr. St. Gr., Qu., Per[e]d.'
S. oben ‚Mit Ps. Gaut., Ps. Gaut. I, Ps. Gaut. II, Gaut.,
Man., Gerb., Gr. St. Gr., Qu., Percd.'
Mit Man., Qu., Perl. — Dem Gral wird heilende Kraft
zugeschrieben. Genau ist die Uebereinstimmung allerdings
nicht. Bei Kiot IX 469, 18 und Perl. 35 ist nur von dem
blühenden Aussehen die Rede, welches der Gral verleiht, obwohl
Anfortas als krank gilt. Bei Man. 44280 wie in der Qu. IV 51
heilt der Gral wirklich.
S. oben ‚Mit Ps. Cr.ª, Ps. Gaut., Ps. Gaut. I, Man., Pered.',
— ‚Mit Ps. Gaut., Ps. Gaut. I, Ps. Gaut. II, Gaut., Man., Gerb.,
Gr. St. Gr., Qu., Pered.'
Mit Gerb. — Parzival berührt Kondwiramurs in der Braut-
nacht nicht, III 201, 19, Gerb. S. 207. — Parzival sehnt sich als
treuer Gatte nach Kondwiramurs, der er so lange fern geblieben,
VII 389, 10. IX 441, 6. 467, 26. XII 618, 19, XIV 696, 10.
732, 1 ff., XV 743, 12, XVI 801, 9, — Gerb. S. 187, — dem
Lob der Ehe im Munde Trevrezents IX 468, 1 ff., 474, 18 ff.
entspricht bei Gerb. S. 187 und 209, wo Perceval und eine göttliche Stimme dasselbe sagen. — Wolframs Ansichten über den
Werth der Ehe sind uns aus seiner ganzen Epik und Lyrik
bekannt, aber auch sonst ist dieselbe, abgesehen von der officiellen Empfehlung durch Geistliche, nicht selten: Durmart le
Gallois 14995, Amis und Amiles 1803. 2117, Gaydon 250. 273 f.,
Romanisches Jahrbuch, Neue Folge, I 185, mit der Motivierung,
dass Eifersucht auf den Ehemann eine sehr schmerzliche Empfindung sei; s. Thomas' Tristan ed. Michel III. V. 171 ff.; —
Reimar von Zweter Str. 225, Ottokars Reimchronik 22875,
Heinrichs von Neustadt Gottes Zukunft (ed. Strobl) S. 182. —
Der Gral steht in Beziehung zu Engeln, IX 454, 24. 471, 15.

XVI 798, 6; s. Gerb. S. 177 und oben S. 16. — Der Gral ver-
hindert den Tod, IX 501, 30, Gerb. S. 244; s. meine Gralr. 78. —
Kiot-Wolfram XV 743, 18. 781, 18, XVI 800, 20. 824, 1 ff.
spielt auf den Schwanritter an, den er Lohengrin nennt; ähnlich Gerb.
S. 210. S. den Chevalier au cygne, Chanson d'Antioche II 180,
Baudouin de Sebourg I 349, Martin, Zur Gralsage 32 ff., Lot,
Romania XXI 62, meine Gralr. 61. Die Rolle des Schwanritters
ist die sonst bekannte dieses Helden, welcher einer Dame zu ihrem
Lande verhilft, Märtens, Romanische Studien V 619. — Nur ent-
fernt vergleichbar ist der todte Ritter, der in dem von einem
Schwan gezogenen Schiff an Artus' Hof erscheint, Ps. Cr.⁵ 361
Li contes del ciel (l. *cigne*) *est li quars, Car cil ki n'estoit couars,
Li chevaliers mors del calan, Qui premiers tint a Glamorgan,*
Ps. Gaut. 20895. 21858, Gerb. S. 249, Raouls Vengeance de
Raguidel 105, Prosa-Lancelot P. Paris II 342.
S. oben ‚Mit Ps. Gaut., Ps. Gaut. I, Ps. Gaut. II, Gaut.,
Man., Gerb., Gr. St. Gr., Qu., Pered.'
Mit Did. Perc. — Wie bei Kiot III 141, 16 ein Bracken-
seil den Tod Schionatulanders durch Orilus herbeiführt, so eine
ähnlich geringfügige Sache, ein Zelt, den Hurganets in Did.
Perc. 431, auch durch Orilus. — Ein Bracke, der ein mit Edelsteinen verziertes Halsband mit einer langen Leine trägt, spielt
auch bei Ps. Gaut. 17548 eine verhängnissvolle Rolle. S. ferner
Gandin de Cornouaille, Romania II, V. 679, und den Zaum in
der Mule sans frein. — Wie bei Kiot III 138, 9 ff. findet im
Did. Perc. eine Begegnung zwischen dem Helden und der Sigunen entsprechenden Geliebten des todten Ritters vor dem
ersten Gralbesuch statt, 429 ff. In dem Prosaroman aber ist es
die einzige, bei Kiot die erste von dreien. — Allerdings giebt
es im Did. Perc. auch nach dem ersten Gralbesuch noch eine
Begegnung des Helden mit einer klagenden Jungfrau im Walde,
466. Aber es ist nicht Sigune. Wenn man sie als eine Vorstufe
zu dieser betrachtet, so hat Crestien eine, Did. Perc. zwei, Kiot
drei, der jüngere Titurel vier Begegnungen, 5068. 5178. 5417.
5773; s. oben S. 42. — Wie bei Kiot ist Perceval auch im
Did. Perc. 477 bei dem Abenteuer mit Obie und Obilot anwesend,
s. oben S. 37.
Mit Did. Perc. und Gr. St. Gr. — Den zwei Messern
Wolframs, also zwei Tellern — *tailléoir* — Kiot's, V 255, 11.

VI 316, 27. IX 490, 21 entsprechen die zwei *tailléoir* in Did. Perc.
495 und die zwei *grans raissiaus d'or autreteus comme deux*
bachins im Gr. St. Gr. II 178. S. meine Gralr. 122 und Nachträge.
Mit dem Gr. St. Gr. — Dem Namen des Heiden Flege-
tanis entspricht, wie zuerst Veselovskij ausgesprochen hat, der
der Heidin Flegetine im Grand St. Graal, s. Index; doch kennt
Wolfram auch den Höllenfluss Flegetone IX 482, 3, s. Heinrichs
Eneide 2997, — und im Volksbuch vom Doctor Faust von 1587
kommt ein Teufel Phlegeton vor, S. 29; s. meine Gralr. S. 142
und Nachträge. — Nach Wolframs Titurel 11 scheint es, dass
der Gral in den Krieg mitgenommen wurde wie im Gr. St.
Gr. III 393; s. meine Gralr. 130.
Mit Gr. St. Gr., Qu. — Wie bei Kiot die Lanze verwundet und heilt, IX 489, 30. 490, 13, so auch im Gr. St. Gr.
II 310, in der Qu. ch. X. XI. Zu der in meinen Gralr. 131
angeführten Parallele aus dem Chevalier as deus espees 10692
kommt auch Malory, Mort Darthure l. VI c. 14. 15 (ed.
Sommer) I S. 205. 207, in einer Partie, deren Quelle nicht
nachgewiesen ist.
Mit Gr. St. Gr., Qu., Qu. bei Tress., Perl. — Nach
Kiot hat Anfortas, der Gralkönig oder reiche Fischer, gesündigt,
s. oben S. 31. Nur eine sehr ferne Aehnlichkeit mit dieser
Auffassung lässt sich im Gr. St. Gr. II 312 und in der gewöhnlichen Qu. ch. XII 237 erkennen, wenn Pellehan, der Roi mehaignié, der Vater des Gralkönigs Pelles, der letzte der Guten
genannt wird, oder Pelles bei den göttlichen Erscheinungen nicht
im Saale bleiben darf; s. meine Gralr. 129. Aber jene Form,
welche die Qu. in ihrer Contamination mit dem Tristanroman
angenommen hat, zeigt grössere Uebereinstimmung. Leider ist
sie uns nur in Tressan's Auszug erhalten. Corps d'Extraits de
Romans de Chevalerie I (1782) 167: Artus ist *occupé — de la*
conquête du Saint-Gréal, d. i. der Abendmahlschüssel Christi.
— *Joseph d'Arimathie avoit apporté en Europe cette coupe, avec*
la lance dont Longin avoit percé son côté sur la croix. De
génération en génération, un des petits-fils de Joseph d'Arimathie
se vouoit à la garde de ces précieuses reliques, mais à con-
dition de garder la fleur pure et intacte de sa virginité. Ce
gardien couroit les plus grands risques, s'il ne conservoit chère-
ment cette fleur. Le roi l'écheur, descendant de Joseph d'Ari-

mathie, les avoit alors sous sa garde; mais, ayant un jour re-
gardé seulement avec trop de complaisance une jeune pélerine,
dont la collerette s'étoit entr'ouverte en se prosternant, la lance
sacrée tomba sur son bras, et lui fit une blessure, dont le
sang couloit sans cesse depuis cinquante ans, sans que rien
pût l'arrêter. Merlin prophezeit, dass der Fischerkönig krank
und die heil. Reliquien ohne Nutzen für die Welt bleiben
würden, bis ein jungfräulicher Ritter käme *pour toucher et en-*
lever les saintes reliques. Derselbe wird sich auch auf den
siège périlleux der Tafelrunde setzen und sein Name wird sein
Perceval le Gallois. — Da der Fischerkönig durch diesen jungfräulichen Ritter den Gral zu verlieren fürchtet, lässt er ihn
durch eine Armee bewachen, gegen welche Artus u. a. mit
Tristan zu Felde zieht. S. Löseth, Le Roman en prose de
Tristan S. 286 Anm. und S. 266. 483, wo in einer anderen
Fassung des Prosa-Tristan in der That eine *belle Pélerine* vorkommt. Schon Birch-Hirschfeld, Die Sage vom Gral 280 Anm.,
hat auf diese Uebereinstimmung in Bezug auf Anfortas' Sünde
hingewiesen.

S. oben ‚Mit Ps. Gaut., Ps. Gaut. I, Ps. Gaut. II, Gaut.,
Man., Gerb., Gr. St. Gr., Qu., Pered.‘ — ‚Mit Ps. Gaut. II,
Gr. St. Gr., Qu., Dem.‘

Mit Qu. Wie bei Kiot Feirefiz als Heide den Gral nicht
sehen kann, XVI 810, 11. 818, 20, so wird der sündhafte Lan-
zelot durch eine göttliche Stimme abgehalten, sich dem Gral
zu nähern, Qu. ch. IV 53. In Tressan's Prosa-Tristan drängt
eine unsichtbare Kraft den Unwürdigen zurück, der einen Sitz
an Artus' Tafelrunde einnehmen will, 117. Ein Zug, der auch
sonst bei Reliquien und Zauberdingen erscheint; s. Villemarqué,
Les Romans de la Table ronde 114: kein Böser kann an den
mit Edelsteinen geschmückten Kessel der Poesie herankommen,
— nach Crestien 8915 kein Böser das Wunderschloss betreten.
S. meine Gralr. 103. 119. 130. 155. — Wie in Qu. die drei
besten Ritter, Galahad, Perceval und Bohors schliesslich zum Gral
gelangen, so heisst es bei Kiot XVI 815, 17 *dâ sâzen dem grâle*
bî der allerbesten ritter drî, d. i. Parzival, Anfortas, Feirefiz. —
Wie bei Kiot XVI 819, 19 der geheilte Anfortas nicht stirbt,
s. meine Gralr. 62, sondern einfacher Templeise wird, so geht
in der Qu. ch. XII 240 der geheilte *roi mehaignié* ins Kloster.

6*

S. oben ‚Mit Ps. Gaut.‚ Ps. Gaut. I, Ps. Gaut. II, Gaut.‚
Man.‚ Gerb.‚ Gr. St. Gr.‚ Qu.; Pered.‘ — ‚Mit Ps. Gaut. II,
Gr. St. Gr.‚ Qu.‚ Dem.‘ — ‚Mit Gr. St. Gr.‚ Qu.‘ — ‚Mit
Gr. St. Gr.‚ Qu.‚ Qu. bei Tress.‚ Perl.‘
Mit der Qu. bei Tress.‚ Perl. — Dass der Gral erobert
werden könne, verneinen zwar bei Kiot Sigune und Trevrezent,
V 250, 26, IX 463, 1. 468, 11, XV 786, 4, XVI 798, 3, aber
wie Parzival glaubte das auch der heidnische Gegner des
Anfortas, IX 479, 13. Dasselbe war auch die Ansicht Feirefiz'
in Bezug auf die Taufe, XVI 814, 25. Nach der Qu. bei Tress.
wird Perceval den Gral mit Waffengewalt gewinnen, 144. 167,
und im Perl. wird die Gralburg erst von dem König des Chastel
mortel, dann von dem Helden des Romanes erobert, 178. 215;
s. meine Gralr. 175. Eine ähnliche Vorstellung finden wir in
der poetischen Morte Arthur ed. Perry 284, nach welcher Con-
stantin das heil. Kreuz im Kampf gewonnen hat, — wohl
eine Verwechselung mit Kosroes. — Schwer zu vereinen sind
bei Kiot mit der Anschauung Sigunens und Trevrezents die
Templeisen, welche kämpfend jeden Fremdling von der Gralburg ferne halten, V 250, 6, IX 443, 6. 468, 23. 473, 22. 500, 8:
sie erinnern an die Armee, mit welcher der Fischerkönig in
der Qu. bei Tress. sein Heiligthum gegen die Gralsucher ver-
theidigen will, 167 f.
S. oben ‚Mit Gr. St. Gr.‚ Qu.‚ Qu. bei Tress.‚ Perl.‘
Mit der Dem. — Die Gralburg kann nur durch Zufall,
unweizende, gefunden werden, Kiot V 250, 29, Dem. fo. 171ᵃ;
s. meine Gralr. 77.
S. oben ‚Mit Ps. Gaut. II, Gr. St. Gr.‚ Qu.‚ Dem.‘
Mit Perl. — Ist es ein Zufall, dass entsprechend der
Episode bei Kiot III 118, 7 ff. es auch im Perlesvaux 20 von
dem jungen Helden vor seiner ersten Begegnung mit Rittern
heisst: et oï les oisiaus chanter? Bei Kiot können es nicht
wohl Liebesgedanken sein, welche der Vogelsang dem jungen
Parzival erregt, wie etwa Gautier 31591, — nur Lust zu
Abenteuern. S. über die Bedeutung des Nachtigallenschlages
R. Köhler zu Warnke's Marie de France XCIII, Förster zu
Wistasse 1145. Auch der germanische Kukuk ruft zum Kampf; s.
Beda ed. Giles I 35: Ver et hiems. — Auch der Frühling allein
erweckt entweder Sehnsucht nach dem Vaterland, Bueves de

Commarchis 3012, Renaus de Montauban, oder Verlangen ein Rachewerk in der Heimat auszuführen, Jourdain 1545; s. Beowulf 1133 f. — Der heiligen Taube, welche die Oblate auf den Gral bringt, IX 470, 3. 800, 4, vergleicht sich der heil. Geist, der nach Perlesvaux 80 täglich zur Gralburg niedersteigt; s. meine Gralr. 177 und Anm., Martin, Anzeiger für deutsches Alterthum XVIII 253, — die Templeisen, die Tempelritter als Vertheidiger der Gralburg, dem Mönchsstaat, in den Perlesvaux gelangt, 329, s. meine Gralr. 173. 176. 177. — Zur Mitleidsfrage bei Kiot XVI 795, 29, s. oben S. 35, stimmt das Mitleid, welches im Perlesvaux Gawan bei seinem Besuch auf der Gralburg mit dem kranken König empfindet, 89. S. meine Gralr. 177. S. oben ,Mit Man., Qu., Perl.' — ,Mit Gr. St. Gr., Qu., Qu. bei Tress., Perl.' — ,Mit Qu. bei Tress., Perl.' S. oben ,Mit Ps. Cr.ᵃ, Ps. Gaut., Ps. Gaut. I., Man., Pered.' — ,Mit Ps. Cr.ᵇ, Pered.' — ,Mit Ps. Gaut., Ps. Gaut. I., Ps. Gaut. II., Gaut., Man., Gerb., Gr. St. Gr., Qu., Pered.' Mit L. Art. — Kiot's Schoysiane, die Tochter Frimutels, die Enkelin Titurels, die von der Gralburg weg mit Kiot von Katalonien vermählt wird, Wolframs Titurel 14, vergleicht sich dem Namen und der Geburt nach der Gralhüterin Oisine, welche im L. Art. 100 Frau des Persides, des Königs von Corbenic, war, — Corbenic ist nach dem Grand St. Graal und der Quête die Gralburg, — Nichte des Fischerkönigs Pelinor de Listenois, Tochter des Königs Pelles. Sie wird die Mutter Galaads, entspricht also der Graljungfrau Helene im Prosa-Lancelot.

Schliesslich verweise ich noch auf die Uebereinstimmungen zwischen Kiot und Peredur, Kiot und Sir Perceval, welche oben S. 47 ff., 50 f. besprochen worden sind.

Es gibt aber auch zahlreiche, wenn auch allgemeine Motive, welche Kiot-Wolfram mit anderen als Perceval- und Gralromanen, oder mit solchen, aber an anderen Punkten der Erzählung und unter ganz verschiedenen Umständen gemein hat, — wobei ich weglasse, was Wolfram auch aus deutschen Bearbeitungen französischer Romane zugänglich war.

I 4, 27. Das französische Erbrecht, bei Kiot der unbedingte Vorrang der Erstgeburt, als Erklärung für Gahmurets Abenteuerleben, begegnet auch in der ‚guten Frau‘, einer gewiss aus dem Französischen stammenden Geschichte vom Typus des Guillaume d'Angleterre, des Roman de l'escoufle, des Ulrichschen Wilhelm von Wenden; Zeitschrift für deutsches Alterthum II, V. 2149 *swer ze Frankriche ist komen, der weiz ez unde hatz vernomen, da enist kein schidunge an, da erbt daz wip als der man;* s. auch 2577 und Karlmeinet 471, 62. Otto von Freising bestätigt das Erstgeburtrecht in *omnibus paene Galliae provinciis*, Gesta Friderici III 9, Zarncke in Paul-Braune's Beiträgen III 23, Lambertus Scafnaburgensis, S. 87 der Octavausgabe, für Flandern; der jüngere Sohn bekommt nur Geld und Schiffe, eine Theilung die in skandinavischer Litteratur typisch ist. Kiot hat natürlich nicht wie diese deutschen Schriftsteller diese Art Erbrecht als etwas Merkwürdiges hervorgehoben, aber seine Erzählung von Gahmuret dadurch motiviert.

I 5, 23 *Gahmuret.* Der Werth des *h* ist zweifelhaft. Die Handschriften des Parzival, Titurel, Willehalm, des jüngeren Titurel, des Wigalois schreiben ein paar Male *Gachmuret, Gaymuret,* aber viel häufiger *Gamuret,* ebenso ungefähr verhält sich *Ekunat* zu *Ehkunat, Ehkunaht.* Es kann blos orthographisch sein wie in *leh cuns, leh cons* III 121, 27, VII 382, 1, *ah muntâne* V 261, 28, und wohl auch in dem Namen des herrlichen Haines *Behforet* in Ulrichs Lancelot 8589. Dann ist der ähnlichste Name der des Landes Gomeret, dessen König Ban, s. Crestien's Erec 1973, nach Crestien's Gralroman 1661 der zweitältere Bruder Percevals diente. Die Handschrift von Bern schreibt an dieser Stelle *Gomoret,* die des Arsenals *Gamoret*; s. Rochat, Germania III 119, San Marte, Arthursage 225. Ein Ras und Helinant de Gomeret kommen im Prosa-Tristan vor, s. Löseth's Index, ebenso ein Elyas und Car de Gomeret bei Malory, s. Sommer's Index. — Der wichtigste ist aber vielleicht Gamor, ein saracenischer Fürst aus Anguis' Geschlecht, der mit seinem Bruder in Dänemark herrscht, Arthour und Merlin ed. Kölbing CLXIX, wenn nämlich die Abstammung dieses Helden von Anguis Kiot veranlasste ihn zu einem Fürsten von Anjou zu machen. — Der Charakter Gahmurets zeigt den Iweintypus, den Mann, der es vor Lust an Abenteuern und Ruhm in der Ehe nicht aushält, nur leidenschaftlicher.

I 9, 12 *wærstu von Gylstram geboren oder komen her von Ranculat.* Da Ranculat ein geographischer, nicht mythischer Ort im Osten ist, so haben wir etwas Analoges für Gylstram, Gustrate, wo die Sonne untergeht, Gudrun 1164, 3, Gilest oder Geilat, *dâ diu sunne ir gesidele hât,* Salman und Morolf 256, anzunehmen, während in einem englischen Bericht sich die gleich räthselhaften Jaiaca und Garita (Janita) als Locale für den Auf- und Untergang der Sonne gegenüberstehen. Schon Josef Haupt hat in seinen Untersuchungen zur deutschen Sage I 123 auf den Kilestrom bei Bergen hingewiesen, alt Keilustraumr, s. Register in Fornmanna sögur XII, der einen ähnlichen Ruf hatte wie der Maelström. Welchen von beiden Paulus Diaconus, I, c. 4, und Adam von Bremen, Descriptio insularum c. 39, meinen, ist ungewiss. Kilestrom könnte eine Verderbniss des Appellativums *gilspröm* f. ‚the edge of a gill, a deep narrow glen‘, oder *gilsprömr* m. ‚the verge of the chasm‘ sein. Gustrate, Gilest, Geilat sind wohl graphische Varianten des nur aus der Litteratur bekannten Namens.

I 13, 16 ff. Gahmuret von Anjou tritt in den Dienst des Baruc, also eines Heiden, wie so viele Helden des französischen Epos, Garin le Loherain ed. P. Paris II 74, Garin ed. Mone 211, Gormond 302, Jourdain 2609, Mainet I 93, III 108, Reali di Francia l. I, c. 70, — und hat in Folge dessen ein Liebesverhältniss mit einer Heidin; s. Reimann, Gaydon 111. — Der Name dieser Heidin *Belakâne* könnte zu *Baligant* gehören.

I 25, 24. Dass Isenhart von Azagouc eine Person ist wie Gormond d'Afrique oder Aquin 3051, ein Nordgermane, der als Heide in den Orient versetzt wurde, ist klar, aber weder über ihn noch seine Freunde und Verwandten scheint die gedruckte mittelalterliche Litteratur Aufschluss zu geben.

I 27, 25 ff. Dieser Isenhart kämpft Belakanen zu Ehren ohne Harnisch, wieder eine Art vœu du paon, s. oben S. 48. 59. Im Prosa-Lancelot, P. Paris V 162, gelobt ein Ritter im Kampf nur zwei Hemden zu tragen, nämlich seines und das seiner Dame, sonst keine Rüstung, im epischen Gedicht von Tirol und Vridebrant, A zweite Strophe, wird ein Turnier ohne Rüstung angesagt; s. Albrecht's Titurel 1550 und vor Allem Bédier, Les Fabliaux 153 ff.

I 27, 26 *daz als ein palas dort stêt, daz ist ein hôch gezelt.*
Auch in Benoist's Eneas 7295 ff. wird das Zelt des Helden wie
eine Burg dargestellt. Wenn Albrecht im Titurel 4406 ff., s.
auch 3825 und 1562, dasselbe vom Zelt Schionatulanders sagt,
so beruht dies wohl auf einer Reminiscenz aus dem Parzival. Besonders grosse und prächtige Zelte kommen noch vor in Aubery
ed. Tarbé 98, ed. Tobler 100, Gaufrey 153, Bueves de Commarchis 2343, Mainet IV 125 ff., — in Ulrichs Lanzelet 4745 ff.,
Wigamur 2404, s. O. v. Zingerle, Anzeiger für deutsches Alterthum XVIII 167.

I 56, 6 ff. Schon Bartsch hat in den Germanistischen Studien
II 134 Mazadan, den Ahnherrn der Anjou'schen und britischen
Dynastie, als einen Sohn Adams erklärt. Ich verweise auf
Walter, Das alte Wales, wo S. 35 Anm. in der Genealogie
Gruffyds ap Cynan als erster Mab Dum (filius dei), als zweiter
Mab Adaf (filius Adae) erscheinen. — Lautlich aber stimmt am
nächsten Macheden, für Macbeth, Gaimar 5050. — Der *greve*
von Massidam im epischen Tirol und Fridebrand, F Str. 3, wird
wohl aus Wolframs Gedicht stammen, da er auch (G)amuret
kennt. — Mazadans Sohn, Prickus, hat San Marte auf Brutus,
den Heros eponymos von Britannien seit Nennius, zurückgeführt,
und Bartsch, Germ. Stud. II 145 stimmt bei. Walter S. 68,
Anm. 10 citiert aus wälschen Triaden einen Prydain, Sohn
Aedds des Grossen, der das britische Gemeinwesen gegründet
habe. — Die genealogische Reihe Mazadan, Prickus, Uterpan-
dragun, Artus begegnet sonst nirgends, — aber wenn die Fee
Terdelaschoie von Feimurgan Mazadans Geliebte und die Ahn-
frau der britischen und anjou'schen Dynastie war, so erinnert
man sich, dass die Fee Morgane in der französischen Ueberlieferung, s. den Prosa-Lancelot, Artus' Schwester ist. Damit
hängt auch die Feenschönheit Vergulahts, des Königs von
Ascalon, zusammen, VIII 400, 7; denn auch er gehört zu Mazadans Geschlecht, stammte also von der Fee ab. — Und wenn
Titurel, der Ahnherr Parzivals von mütterlicher Seite, der
Tidorel des französischen Lais ist, Romania VIII 29 ff., so
führte der Gralheld sein Geschlecht durch Vater und Mutter
zu Feen hinauf. — Liebesverhältnisse von Feen zu Rittern sind
ein häufiges Motiv, Melusine, Denis Piramus' Partonopeus, der
Ritter von Staufenberg, Friedrich von Schwaben, Konrads Gau-

riel von Muntavel. — Ein anderer Feensohn bei Kiot ist
Liahturteltart II 87, 30.

I 57, 15. Feirefiz als Sohn Gahmurets und Belakanens
vergleicht sich zunächst dem schwarzen Moriaen in dem gleich-
namigen Gedicht, das in den niederländischen Lancelot aufgenommen worden ist, 47192, dem Sohne Aglavels, Percevals
Bruder, und einer Mohrin, nach der Andeutung 42550 aber
von Perceval selbst mit einer Mohrin erzeugt, wie eine ältere
Aufzeichnung berichtet haben soll; Martin, Zur Gralsage 18.
Noch näher durch das Motiv des gefleckten Sohnes, aber wohl auf
Wolfram beruhend, ist das Abenteuer des Apollonius von Tyrus
mit einer Mohrin bei Heinrich von Neustadt, ed. Strobl S. 76.
Zweifach gefärbte Menschen *halpliute* kennt das epische Ge-
dicht von Tirol und Fridebrand D 2. Strophe, und die alt-
nordische Litteratur, Fornaldar sögur III 561, auch die wälsche,
Mabinogion Loth I 221. — Als tapferer und edler Heide spielt
Feirefiz eine Rolle ähnlich der des Palamedes im französischen
Prosa-Tristan und der Demanda, s. z. B. fol. 159 ᵃ ᵇ.
II 60, 9. Das von Herzeloyden ausgeschriebene Turnier,
dessen Preis ihre Hand ist, gehört zu den in der französischen
Epik traditionellen Motiven. S. Denis Piramus' Partonopeus,
Didot's Perceval 473, von der Hagen, Gesammtabenteuer, Bd. I
N. III. X, Bd. III N. LXIV, Kölbing zu Ipomedon XXXI.
II 67, 18. Lähelin, der Bruder Orilus' de la Lande, der
Waleis und Norgals erobert, III 128, 7. Die zwei Länder sind
von Haus aus Wales und Northwales; s. Giraldus Cambrensis,
in den Rerum britannicarum scriptores V Index, Norwallia
gleich Venedotia, gleich Gwynedd, nach W. Mapes, De nugis
curialium ed. Wright S. 79 gleich Heulard. Es ist kaum
zweifelhaft, dass eine bekannte historische Persönlichkeit gemeint ist: Llewelyn (Llywelin, Lewelinus) ab Sissylth, König
von Südwales, der Aedan von Nordwales besiegt und 1015
ganz Cambrien regierte, s. Annales Cambriae a. 1016. 1023, W.
Mapes, De nugis cur. II c. 22. 23, wo von dem bösen König
Luelinus die Rede ist. Der Name kommt noch im dreizehnten
Jahrhundert bei wälschen Fürsten vor; Walter, Das alte Wales
88. 102.
II 82, 26. VII 352, 28. Oelbäume — gegen Crestiens *caisne*
6295, — s. X 508, 11 ff., in Nordfrankreich sind im französischen

Nationalepos sehr häufig; s. meine Abhandlung über die ostgothische Heldensage 86. Noch Philipp von Zesen lässt die adriatische Rosemund unter einem Palmbaum klagen, in der Nähe von Amsterdam; Ausgabe von 1664 S. 1.

II 103, 25. Herzeloydens prophetischer Traum. S. Aiol XXI 360. 4694, Aspremont ed. Bekker 167, 6, Aubery ed. Tarbé 71. 113, Michel, Roman de la violette S. 212, Henning, Nibelungenstudien 39, Rajna Origini 449, Märtens, Romanische Studien V 624. 630.

II 105, 21. Gahmurets diamantner Helm wird durch Bocksblut erweicht und kann deshalb dem Lanzenstoss nicht widerstehen; vgl. Garin le Loherain ed. Mone 242, Heinrichs Rabenschlacht 973f, wonach warmes Eisen den Schwertschlag nicht aushält, sich also erweicht.

III 118, 29. Ueber die Rache an den Singvögeln s. R. Köhler zu Warnke's Marie de France XC.

III 134, 12. Erecs Sieg über Orilus de la Lander in Orilus' Rede; s. Crestien's Erec 993.

III 140, 6. Dem bon fiz, schier fiz, bêâ fiz als Namen des Helden vergleicht sich genauer als die oben S. 34. 51. 58 citierte Stelle Renaud's schöner Unbekannter S. 117, wo Giglain von seiner Mutter nur biel fil genannt wird, ebenso der Chevalier as deus espees biel vallet, 10770, Lancelot im Prosaroman, P. Paris III 27, beau valet, fils de roi; s. meine Gralr. 24, Anm. 1.

III 144, 17. Der name (Parzival) ist rehte enmitten durch. Holland, Crestien von Troies 55 citiert aus einem altfranzösischen Moralisten: Laissies Cliges et Perceval, Qui les cuerz trait aval und eine andere Etymologie wahrscheinlich aus Gerbert in der Anmerkung.

V 251, 5. Der Name Titurel war in der französischen Litteratur bekannt; s. den Lai Tydorel, Romania VIII 29ff. und oben S. 88.

V 271, 8 fürz fôrest in Prizljân reit ich dô in juven pois, VI, 286, 26 kalopierende ulter juven poys: sin ors über hôhe stûden spranc. Der Gebrauch der französischen Phrase so wie der Pferdename Passebreuil im Prosa-Tristan, s. Löseths Index, weist auf französischen Ursprung des kleinen Zuges.

V 277, 4. Jofreit fiz Idoel. Bei Crestien kommt unter anderen Umständen ein Giflet fiz Do vor, 6099, der bei Pseudo-

Gautier eine wichtige Rolle spielt. Der Name bei Wolfram
könnte aber auch mit Johfrit de Liez in Ulrichs Lanzelet 487
verwandt sein; ein Eidoel begegnet in Kulwch und Olwen,
Mabinogion ed. Loth I 261.

VI 296, 16. Lob Keies; S. Gerard's Escanor, wo Keie
z. Th. Held des Romanes ist, Merlin, Suite vulgate, P. Paris II 105,
Hartmann's Iwein 2566 ff. wo bei Crestien nichts entspricht.

VI 312, 6. *Cundrîe surziere*, 334, 20 Cundrie Gawans
Schwester. Den Namen Gundrée trägt in Gerbert's Roman de
la violette eine böse alte Kammerfrau, ed. Michel S. 27; von
der Hagen, Gesammtabenteuer, Band III S. XCVIII Anm.

VI 318, 19. *Schahtel marveil*. So, château des Merveilles,
heisst im Peredur c. 28. 29, Loth S. 102. 103 das Schloss mit
dem wunderbaren Schachspiel.

VI 334, 11. Der Grieche Klias als handelnde Person;
s. Crestien's Cliges.

VII 346, 16. *Annôre*, Galoes' Geliebte, s. II 91, 16.
Malory hat in seiner Mort Darthur eine Zauberin Annoure, ed.
Sommer I 361 f., III 287, nach Sommer aus dem Prosa-Tristan,
Löseth bringt den Namen nicht. Aanordis (Index Aenor)
erscheint wiederholt in den Chroniques du Comté d'Anjou ed.
Marchegay und Salmon; Bartsch, Germ. Stud. II 137.

VIII 400, 6. Ueber den schönen Vergulaht von Ascalon
s. oben S. 36. 88.

VIII 416, 19. Liddamus zeigt einen Typus, der in der
französischen Epik wurzelt, den humoristischen Ritter, der die
Gebote der Ritterehre rationalistisch prüft, in vielen Abstufungen
vom wirklichen Feigling bis zum kühnen Mann, der sich zum
Scherze feige stellt. S. Gautier 18579, Keie zieht *une haste de
fort aigret* dem Kampf vor — bei Wisse-Collin 231, 43
Brot mit Speck, s. Rumolt's Rath in den Nibelungen 1408, 5
(Lachmann), eine Stelle, die Liddamus bei Wolfram auch
citiert VIII 420, 26, Claris 23313 ff., auch von Keie, — ferner
Dinadan im Prosa-Tristan, s. Löseths Index, Hestous in der
Prise de Pampelune 402. 5089 ff. in Gerard's Escanor 1586.
11774. 11868. 12320, — Astolfo in Ariost's Orlando u. s. w.
Noch im Gracioso der spanischen und englischen Komödie ist
hie und da der Typus zu erkennen, Falstaff und etwa Pastrana
in Tirso de Molina's Marta piadosa. — Entfernter verwandt ist

der schöne Feige, den Perceval zur Tapferkeit erzieht, Manessier 24131 ff.
     VIII 453, 11 ff. Kiot soll ausser dem Buche des Flege-
tanis Anjou'sche Chroniken benutzt haben. Ebenso will Gottfried
im Tristan 535 ff. nach der Chronik des Thomas von Britannien
und einem Roman von Tristan gedichtet haben, auch Philipp
Mousque nennt Chroniken und gereimte Geschichten als seine
Quellen, Reiffenberg CCXXVII. — Die von Marchegay und
Salmon veröffentlichten Chroniques d'Anjou Paris 1856—1871
ergeben, soviel ich sehe, nichts, was die Behauptung Kiots
rechtfertigen könnte. S. oben S. 14. 15.
     VIII 453, 25. Wie Flegetanis einen Heiden zum Vater,
eine Jüdin zur Mutter hat, so auch der weise Zabulon, Savilon,
im Reinfried von Braunschweig 21358; s. meine Abhandlung
über Orendel 56, WSB. CXXVI.
     IX 469, 8. Zu dem *lapsit exillis* und dem Phoenix vgl.
Grand St. Graal II 390, Albrecht von Halberstadt, ed. Bartsch
CXXIV. CCLIX, und meine Gralr. 148.
     IX 470, 23. 483, 20 f., XV 781, 15, XVI 796, 17. 818, 24.
Die wunderbaren Inschriften, welche nach Kiot auf dem Grale
erscheinen um die Gralritter, den Gralkönig zu bezeichnen, die
Bedingungen von Anfortas' Heilung anzugeben, die Frage nach
Lohengrin zu verbieten, vergleichen sich den verschwindenden
und veränderten Ritternamen auf den Stühlen der Tafelrunde von
welchen die Quête in Tressan's Prosa-Tristan 117 und die Demanda
S. 9, fol. 116ᵇ. 118ᵈ erzählen; s. meine Gralr. 161 und oben S. 44.
     X 508, 1. Das scheinbar — wegen der spiralförmigen
Festungsmauern — sich drehende Schloss Orgelusens, Logroys,
hat seine Entsprechung in der sich wirklich drehenden Insel des
Grand St. Graal II 430, und in dem sich wirklich drehenden
Schloss im Perlesvaus 195. 197; s. meine Gralr. 148 mit den
Citaten aus Paiens Mule sans frein 440 und der Vulgatafort-
setzung des Merlin, P. Paris II 199, wozu der Nachweis irischer
Tradition in der Revue celtique XIII 289 und Falk im Arkiv
för nordisk filologi X 69. 71 kommt. — Ebenso rationalistisch
wie Wolfram scheinen Pennine und Vostaert im Walewein 2929
ein Schloss dadurch verschwinden zu lassen, dass der Held
ihm näher kommt; aber s. 4774. S. auch Golther, Sage von
Tristan 22, und meine Gralr. 77.

X 548, 5, s. II 66, 4. Klinschor ist eine Romanfigur ähnlich
dem Garahies (Eliaures) bei Pseudo-Gautier 12461, dem Gans-
gnoter in Heinrichs Krone, und auch Merlin, obwohl dieser edler
gehalten ist. Was den Namen anbelangt, so vergleichen sich
der bösen Riesen Clincker und Clinckært im Seghelijn von
Jerusalem; s. meine Abhandlung über den Orendel 53, WSB.
CXXVI.

XI 580, 27. Wie eine Schlafwurzel gibt es auch eine,
welche dem Stummen Sprache verleiht, von der Hagen, Gesammtabenteuer, Band III N. LIII V. 63.

XII 589, 5. Ueber die Wundersäule, wenn sie von Kiot
stammt, s. oben S. 68.

XII 604, 22. Gramoflanz will nur gegen zwei kämpfen,
nicht gegen einen allein. In Crestien's Löwenritter ist Iwein
genöthigt einen Kampf gegen zwei, dann gegen drei zu bestehen,
3683. 5471 im französischen Fierabras, ed. Servois und Kroeber
V. 67 ff., verlangt der heidnische Held sofort mehrere Gegner
zugleich; s. Valentin und Namelos, ed. Seelmann LX.

XIV 679, 1. Der Kampf Parzivals mit Gawan, der ab-
gebrochen wird, sobald Gawan erkannt ist. S. Sir Perceval 1510,
Crestien's Löwenritter 6106 ff. Der Fall ist zweifelhaft, s. oben
S. 51. 57.

XV 738, 1. Parzival kämpft unwissend mit seinem Bruder;
s. Floovant 89. 182 ff., Ipomedon ed. Kölbing S. XXVI. —
Anders ist der Kampf der feindlichen Brüder Bohort und Lionel
in der Quête und bei Manessier; s. Birch-Hirschfeld 46. 102.

XVI 814, 25. Dieser Bruder Parzivals ist ein Heide und
wird nach dem Kampfe bekehrt; das weitverbreitete Motiv von
Fierabras, Otinel, Ospinel, Foulque de Candie 96, s. meine Abhandlung über die ostgothische Heldensage 36 ff.

XVI 822, 25. Der Priester Johannes. S. z. B. Aspremont
ed. Bekker 171ª.

Titurel 22. 23; s. Parzival II 186, 26. Kiot von Catalonien geht nach dem Tode seiner Frau ins Kloster; s. Gaydon 327.

Titurel 39. Gahmuret wird von seiner Geliebten Amphlise
zum Ritter geschlagen; s. z. B. Jourdain de Blaivies 1759. Im
Floriant thut dies die Fee Morgane mit ihrem Zögling, dem
Helden, 835. Ueber die ritterliche Erziehung der Helden durch

Frauen s. Peredur c. 12, Loth S. 70 und meine Gralr. 23 Anm.
sammt den Nachträgen. Gemeint sind ursprünglich Wesen wie
die streitbaren Hexen, die Peredur unterrichten, die germa-
nischen Walküren, die russischen Palenicen. S. meine Abhandlung über die ostgothische Heldensage S. 82. Im Didot'schen
Perceval 461 spielt eine solche Hexe ganz die Rolle der Ostacia
in der Thidhrekssaga; s. meine Gralr. 23 Anm.

Titurel 42. Ehkunat — *von der starken Berbester.* Wenn
diese Stadt die starke genannt wird, so ist sie wahrscheinlich
gleich der Stadt Barbastre, über deren Belagerung es eine
Chanson de geste gab, Le siège de Barbastre, dessen Ueberarbeitung uns in Adenés' Bueves de Commarchis vorliegt, s.
V. 1343, Bartsch, Germ. Stud. II 130.

Ueber anderes Thatsächliche bei Kiot, die Vorgeschichte und
Beschaffenheit des Grals, Trevrezents Reise nach Rohas-Edessa,
Sigune und Schionatulander u. s. w. s. oben S. 16. 18. 22. 29.

Eine politische Tendenz verräth die Verlegung des Locals
nach Frankreich und die Verwandtschaft des Hauses von Anjou
mit Artus und der Gralfamilie, s. oben S. 33. 88. — Pseudo-
Gautier allerdings schiebt auch in seine Fortsetzung Crestien's
eine französische Localsage vom Bufoi bei Nantes ein, 15051.
15060. 15134, — während Gautier seinen Blick ganz auf England
gerichtet hält, 24401. 24119. 24776. 27390. 30276.

Ausserdem zeigt Kiot Interesse für Südfrankreich und
Spanien: Gascogne, Auvergne (Averre), Poitou, Grésivaudan,
das einen Theil des Dauphiné bildet, wovon Schionatulander
talfin, seine Mutter Mahaute *talfinette* heissen, Titurel 94. 126
(97. 131 Bartsch), Cacrei (Gowerzin?), Arles, Lunel — aber
s. Yvain de Loenel, Crestien's Erec 1707, Hartmann's Erec 1643,
oben S. 5, — Spanien, Aragon, Catalonien, Galicien, Portugal,
Toledo; — Munthori könnte Montory im Département des Basses
Pyrénées sein, oder Montoro in der Provinz Cordova in Anda-
lusien, s. Golther im Index zu Fleck's Flore. — Zu den südlichen Orten stimmt der Hundenamen Gardevias, der Pferde-
namen Gringuljet, Zimmer, Zeitschrift für franz. Sprache und
Litteratur XIII 25 f., die Wortform *regine* II 88, 3. — II 67, 22
werden *die stolzen Alemâne* genannt, aber keiner tritt hervor, —
unter der Fülle von ausländischen Rittern XV 770, 1 ff. kommt

ein Provenzale, 772, 22, aber kein Deutscher vor. Berchtold
von Holle hat auch kein Bedürfniss in den Kriegerschaaren
seines Demantin Deutsche auftreten zu lassen, wohl aber
Konrad von Würzburg im Trojanerkrieg 23995. — Durch
diese Aenderung des Locales hat Kiot allerdings den üblen
Ruf der Wälschen auf eine französische Provinz, Valois, übertragen, III 121, 8.

Die angeführten Parallelen und die politische Tendenz
lassen es fast als unmöglich erscheinen, dass, was in Wolframs
Werk von Crestien dem Stoffe nach abweicht, von einem deutschen Bearbeiter herrühre. Er hat also, indem er sich auf
eine von Crestien abweichende französische Quelle beruft, s.
oben S. 2, die Wahrheit gesagt, s. oben S. 21.

In einigen der von Crestien abweichenden Motive zeigt
sich jene rationalistische Geistesrichtung, welche wir schon in
der Quelle erkennen konnten; s. oben S. 70. So die Entführung
der lebenden Arnive; s. oben S. 30. 40, die Veränderung in
der Auffassung von Percevals Sünde, — sie ist nicht mehr der
Tod der Mutter, an dem er ja eigentlich unschuldig ist, —
sondern die Tödtung und Beraubung Ithers, IX 475, 5 ff., s.
oben S. 49, das Bluten der Lanze in Folge ihrer Verwendung
zur Linderung von Anfortas' Schmerzen, s. oben S. 31. 33. 42, der
sommerliche Schnee durch Einwirkung des Saturnus VI 281, 12,
IX 489, 27. 492, 26. 493, 4, s. oben S. 42, die sich scheinbar
drehende Burg, X 508, 1, s. oben S. 92, die Frage nach Lohengrin, welche deshalb verboten ist, weil Anfortas durch eine
Frage, d. h. die unterlassene, so lange gelitten hat, XVI 819,
3 ff.; — hier fehlt allerdings Crestien. S. die Figur des Liddamus,
des rationalistischen Spötters, s. oben S. 91.

Während bei Crestien, und somit wahrscheinlich in der
Quelle, die Nebenfiguren oft ganz blass erscheinen, zeigen sie
bei Kiot-Wolfram oft scharfe Charakterisirung, so der überhöf-
liche, geschwätzige Knappe, VII 342, 9 ff.. 343, 18 *durch icern
zuhtbæren pin*, 344, 19, — der humoristische Feigling Liddamus
in VIII, dem bei Crestien ein ganz farbloser *vavassor* entspricht,
7466. — der gefällige und schalkhafte Fährmann Plippalinot,
s. XI 555, 27.

Ebenso Personen, die Crestien gar nicht kennt, so die in Gawan verliebte Bene, die Tochter des Fährmanns, in XI. XII. XIV 692, 4.

Die Charaktere der handelnden Personen sind bei Kiot-Wolfram vielfach edler und feiner als bei Crestien und in der Quelle. Parzival ist nicht so roh und grob gegen die Mutter und Artus wie bei Crestien, 1685. 2124; s. oben S. 51. Er reitet nicht fort, obwohl er die Mutter auf der Brücke niederfallen sieht, Crestien 1814, woran er sich erst spät wieder erinnert 2776. 4007. Er zeigt nachmals im IX. und XV., XVI. Buche viel tiefere Empfindung in seiner Sehnsucht nach dem Gral und Kondwiramurs, als dies bei Crestien zum Ausdrucke kommt. S. auch Parzivals Worte bei der Nachricht vom Tode seiner Mutter, IX 476, 14. — Auch Ither von Gaheviez entschuldigt sich bei Wolfram-Kiot, III 147, 1. 148, 13, für seine Unart gegenüber der Königin Ginover, dass er sie gegen seinen Willen mit Wein begossen, und wird von Ginover III 160, 3. VI 310, 30 und Trevrezent IX 475, 28 ff. sehr gelobt und beklagt. — Obie misshandelt ihre Schwester nicht thätlich wie bei Crestien 6426. 6822. — Kiots von Catalonien Trauer um seine Frau, die im Kindbett gestorben, III 186, 21, Titurel 22, Gurnemanz' Liebe zu Parzival als Ersatz für seine verlorenen Söhne, III 177, 14, Kundriens Kummer VI 318, 5 und vieles Andere gehört auch hieher.

Andererseits sind die Charaktere bei Wolfram-Kiot gemischter und dadurch runder. Belakane und Sigune haben bei aller Liebe und Treue, die ihnen der Dichter zuschreibt, doch ihren Geliebten durch unbedachte Forderungen den Tod gebracht. Gahmuret ist zwar ein flatterhafter Liebhaber, aber er leidet unter dem Schmerz, den er verursacht, II 90, 18. 95, 5. 21, sowie er seinen Bruder, dessen Tod ihn zum König macht, aufrichtig betrauert, II 92, 9. 95, 7, — Klinschor, der zauberkundige Frauenräuber, ist nicht ohne Gutmüthigkeit, XII 618, 1. — Ueber die Thorheit Herzeloydens, der liebenden Gattin und Mutter, als sie die Vögel bestrafen will, macht sich der Dichter etwas lustig, III 118, 29. — Parzival liebt Kondwiramurs nicht aus Pflichtgefühl, wie er ja überhaupt für Frauenschönheit empfänglich ist, s. Liaze in III, Repanse de Schoie in V. — Kunneware, die nicht lachende, ist lôs VI 284, 12; s. oben S. 26,

— die reizende Obilot spricht in komischer Weise altklug, VII
369, 3 ff., — Trevrezent ist nicht blos ein frommer Einsiedler,
sondern war Ritter, IX 457, 27 ff., 496, 1 ff., und ist voll herz-
licher Theilnahme für das Schicksal Parzivals, auch nicht ohne
Humor, IX 457, 27. 491, 16. 500, 15, — Orgeluse, die aus
Liebesschmerz so böse geworden ist und Gawan so schlecht
behandelt, weint doch aus Angst, als er den gefährlichen Sprung
wagt, XII 602, 18.

Gawans Strafrede an Orgelusen, XII 612, 1, die sich durch
ihre schnöde Behandlung Gawans an der Ritterschaft überhaupt
vergangen habe, war bei Kiot vielleicht leise komisch, für Gawan
charakteristisch gemeint, als den conventionellen Musterritter.
Aus Wolframs Darstellung gewinnt man allerdings einen anderen
Eindruck, wenn man sich erinnert, dass der Dichter dasselbe
seiner persönlichen Feindin vorzuwerfen scheint, II 115, 8, dass
sie nämlich die Ritterwürde in ihm gekränkt habe. Dadurch
hat Wolfram den Anschein die Rede Gawans zu billigen, sich
mit ihm zu identificiren.

Dass Gawan Parzival gegenüber nicht so gedrückt erscheint, wie etwa Lancelot gegenüber Galaad in der Quête, ist
eine künstlerische Feinheit. Parzivals treue Gattenliebe, die
nur als Neigung, nicht als Pflichtgefühl dargestellt wird, ist
zwar sehr schön, aber es gibt auch eine andere Art mit Frauen
umzugehen, — s. Gawan und Gahmuret, — die man auch
gelten lassen kann. Das ist allerdings auch·Wolframs Meinung,
s. III 139, 15.

Das Kunstprincip, welches Wolfram XII 338, 8 ausspricht,
s. oben S. 7, der Dichter solle seinen Helden nicht fortwährend
und nicht übermässig loben, kann aus der Praxis Kiot's ab-
strahirt sein.

Das Zuständliche ist reicher: s. besonders III. V. IX.
XI. XII.

Einiges erscheint bei Kiot unklar. So IX 454, 25 über
das Verhältniss der Engel zum Gral; s. oben S. 16. — Oder
man erfährt nicht deutlich, wie die Gralsuche Gawans verläuft,
X 503, 21, d. h. es wird nicht ausdrücklich angegeben, dass
sie mit Parzivals Erhebung zum Gralkönig gegenstandslos ge-

worden ist; s. oben S. 36f., 43. 46f. — wie Gawan wieder zu
seinem Pferde Gringuljet kommt, X 540, 17, s. oben S. 63, — was
Gawan dem Führmanne Plippalinot versprochen hat, XIII 629, 5.
— XIII 636, 23. Die Tischordnung bei Gawan ist schwer verständlich, erst: *der turkoyte zuozim saz*, dann die andere Gesellschaft, am Schlusse *sin swester bêde wol gevar er zuo zim sitzen
hiez.* Oder sitzt nur eine von ihnen unmittelbar neben ihm?
— Wer ist Affinamus, XIV 707, 2? — warum zeigt sich über
Arnivens Wiedererscheinen am Hofe Artus', ihres Sohnes, so
wenig Erstaunen, XIII 672, 8, s. XIII 670, 29? — Wie kommt
die Unschuld Lots, des Vaters Gawans, an dem Tode von
Gramoflanz' Vater heraus, XIV 728, 6? — Wieso sind Lischoys Gwelljus und Gawans Schwester Kundrie ein Liebespaar, XIV 730, 1? — Warum bleibt Arnive, Artus' Mutter, bei
Gawan, XIV 730, 24, s. XV 763, 1? — Wie wurde Kiot von
Catalonien Kardeiz' Erzieher, XVI 805, 13, s. 803, 30? S. Jellinek-
Kraus in der Zeitschrift f. d. österr. Gymn. 1893 S. 697. 712. —
Recht wunderlich ist auch der *abeleitens list* Trevrezents, XVI
798, 6; s. oben S. 10. — Aber da fast nirgends eine Ver-
gleichung mit Crestien möglich ist, kann man nicht sagen, ob
diese Dunkelheiten durch Kiot hineingekommen sind oder schon
der gemeinsamen Quelle eigen waren.

IX 490, 23 *den list* (mit den zwei Messern, die zum Ab-
schaben der vergifteten Lanze dienen) *tet im* (Trebuchet) *ein
segen kunt, der an des kilneges swerte stuont.* Das stand natürlich
nicht bei Kiot, sondern ist ein Missverständniss Wolframs, s.
oben S. 14. Aber was bei Kiot auf der Klinge jenes Schwertes
gestanden habe, das Parzival von Anfortas bekommen hat, ist
schwer zu sagen. Doch kaum was Crestien bietet, 4315, s. meine
Gralr. 16, eine Anweisung wie das Schwert, wenn es bräche,
durch Trebuchet wieder ganz gemacht werden solle. Wie
hätte Wolfram das so abenteuerlich missverstanden, d. h. mit
seinem Missverständniss des *tailléoir* in Verbindung bringen
können?

Zu den Unklarheiten aber darf man es nicht rechnen, wenn
trotz der Liebe zu Kondwiramurs, s. oben S. 96 und unten
S. 107, Parzival ihr fünf Jahre fern bleibt. Der Dichter konnte
darauf rechnen, dass der Leser darin einen Ausdruck der Scham
Parzivals über das Versäumniss auf der Gralburg und die

Beschimpfung an Artus' Hofe sehen werde; s. meine Abhandlung über das Gedicht vom König Orendel S. 19. 29.

Wichtiger sind die Inconcinnitäten, wo die Unklarheit sich bis zu Widersprüchen steigert. Doch muss hier etwas ausgeschieden werden, was auf den ersten Blick in diese Kategorie zu gehören scheint. Von einem Widerspruch in I und II in Bezug auf einen Gegenstand, der bald als ein Zelt, bald als ein Harnisch oder Helm bezeichnet wird, kann nicht die Rede sein. S. die Litteratur über diese Stellen bei Hagen, Germania XXXVII 97. Es handelt sich um des Königs Isenhart von Azagouc *harnais* in der Bedeutung, welche deutsch entweder auch durch *harnasch* oder unzweideutiger durch *hergewæte* (Nitzsch, Deutsche Geschichte III 205. 322) wiedergegeben werden kann, und alle drei Dinge, ja noch einige mehr umfasst, s. La Curne de St. Palaye, Godefroy, Ducange *harnasium*. Beispiele bieten Pseudo-Crestien 1147, Aubery ed. Tobler 134, 10, Renaus de Montauban 55, 23. 31. 134, 10, Gaydon 30. 61. 62. 67. 130, Chardrys Petit plet 1463 ff. An letzter Stelle wird wie im Parzival auch das Zelt dazugerechnet. Das deutsche *harnasch* in der weiteren Bedeutung erscheint z. B. Parzival VII 353, 9. 362, 17.

Wenn Belakane I 27, 15 von Isenhart, der in ihrem Dienst den Tod gefunden hat, sagt: *er gap durch mich*, — d. h. weil ich es von ihm verlangte um ihn zu prüfen, s. I 27, 13. II 61, 5, — *sîn harnas enwec*, so meint sie das ganze *hergewæte*, das Zelt und jene Schutz- und Trutzwaffen, welche einen dauernden Besitz bezeichneten, Helm, Schwert, Harnisch im engeren Sinne, Eisenhosen, I 58, 12. II 70, 13. 21, demnach alles ausser Speer und Schild, Dinge, die keinen besonderen Werth hatten und oft erneuert werden mussten, denn Isenhart fällt im Speerkampf, indem die feindliche Speerspitze durch seinen Schild drang, I 28, 4. Ueber die Bedeutung dieses Weggebens s. oben S. 87. Indem Belakane diese Worte spricht, richten sich ihre Blicke unwillkürlich auf das Zelt ihres früheren Geliebten, das im Lager von Zazamanc steht und zu dem *harnasch* gehörte, von dem sie eben gesprochen hatte. Eine Abschweifung, wie sie sich der Dichter selbst erlaubt, z. B. III 139, 12. Als Parzival von Sigune den Tod Schionatulanders

7*

erfährt, ist sein erster Gedanke ihn zu rächen: *dô greif der knappe mære zuo sîme kochære . vil scharphiu gabylôt er vant.* Aber seltsamer Weise fährt der Dichter fort: *er fuorte ouch dannoch beidiu phant, diu er von Jeschûten brach und ime ein tumpheit dô geschach,* nämlich, dass er sich von Seiten einer schönen Frau mit so Wenigem begnügte. Oben, III 131, 16, war nicht gesagt worden, dass er Ring und *fürspan* im Köcher aufgehoben habe. Offenbar aber ist es des Dichters Meinung. Sobald er sich vorstellte, Parzival greife jetzt in seinen Köcher, fielen ihm die Kleinodien von früher ein. — Recht auffallend ist das Abspringen auf einen scheinbar fern liegenden Gedanken auch V 253, 30. Nachdem Sigune gesagt hat, Trebuchet habe Parzivals Schwert, das Geschenk des Gralkönigs, gemacht, führt sie fort *ein brunne stêt pî Karnant, dar nâch der künec heizet Lac.* Nun wieder vom Schwert: *daz swert gestêt ganz einen slac.* Oder XV 732, 15 ff. Monolog Parzivals, 732, 30 *im lac sîn harnasch nâhe bî,* 733, 1 wird der Monolog wieder fortgesetzt bis 733, 20, darauf wieder: *er greif dâ sîn harnasch lac.* Vgl. Wolframs Titurel 144—153 (Bartsch 180—189); 144 Sigune liest die Schrift auf dem Brackenseil, — 154, 1 *Schionatulander mit einem vederangel vienc äschen unde vörhen, die wîl si las und der fröude den mangel, daz er sît wart vil selten der geile,* — 154, 4 ff. Sigune liest weiter, der Hund entkommt ihr, — 159 *Schionatulander die grôzen und die kleinen vische mit dem angel vienc.* — Vgl. auch Parzival XV 738, 25; Kampf zwischen Parzival und Feirefiz bis 739, 22, dann *des heiden strît tet 'em getouften wê,* dann wieder Kampf bis 741, 1 *der heiden strît tet 'em getouften wê* und wieder Kampf. S. auch unten S. 108. — So möchte ich auch die Verse II 69, 29—70, 6 lieber dort belassen, wo sie in den Handschriften stehen, nach II 71, 6. Sie unterbrechen da allerdings den Bericht von Gahmurets Rüstung, aber passender für unser Gefühl sind sie auch dort kaum, wohin sie Lachmann versetzt hat; die Litteratur über diesen Fall s. bei Hagen, Germania XXXVII 89.

Eine ganz ähnliche Unklarheit wie I 28, 10, welche gerade auf der Deutlichkeit der dichterischen Vorstellung beruht, findet sich in Ulrichs von dem Thürlein Willehalm LXXXII 23 *mîn her, der hie gebalsemt lît.* So spricht eine Witwe. Von einer Aufbahrung der Leiche ihres Gemahls war vorher nichts gesagt worden.

Das ganze *hergewæte* Isenharts war an seinen Vetter Fridebrand von Schottland übergegangen, der um Isenharts Tod an
Belakanen zu rächen, diese mit Krieg überzogen hat, selbst
aber wieder heimgekehrt ist mit Zurücklassung des Zeltes,
I 25, 2. 24 ff., 28, 21. 52, 7 ff., 28. 58, 6 ff., II 70, 16. Dieses er-
bitten von ihm die von Gahmuret besiegten Herren von Azagouc — der Sprecher ist Razalic II 64, 16 — für Gahmuret
durch Vermittelung des schottischen Fürsten Hiuteger, I 52, 23,
und zwar sagen sie: *lât mîme hêrren* (Gahmuret) *daz gezelt hie
umb âventiure gelt . ez zucte uns Îsenhartes leben, daz Vridebrande
wart gegeben diu zierde unsers landes: sîn* (Isenhartes) *fröude
diu stuont phandes, es stêt hie selbe ouch ame rê . unvergolten
dienst im tet ze wê.* Unter der *zierde des landes* ist aber
wahrscheinlich schon mehr zu verstehen als blos das Zelt,
denn der Dichter führt fort, I 53, 3, *ûf erde niht sô guotes
was, der helm von arde ein adamas dicke unde herte, ame strîte
ein guot geverte.* Der Ausdruck *ûf erde niht so guotes was*
wird auch II 70, 19 von diesem Helm gebraucht. Und Hiuteger gelobt *swenn er kœm in sîns herrn* (Fridebrands) *lant,
daz erz wolt erwerben gar und senden wider wol gevar.* Das
ez, das er erwerben will, bezieht sich weder auf das *gezelt,* das
ist ja da geblieben, s. I 54, 12, noch auf den Helm, sondern
kann nur auf das Ganze gehen, das *harnasch* im weiteren
Sinne, mit Ausnahme des Zeltes, wie ja Fridebrand I 58, 12
in der That Helm, Schwert, *halsperc und zwuo hosen* an Belakane schickt, bei der er Gahmuret vermuthen muss, I 58, 7 ff.,
II 70, 14 ff.

Auch nur ein scheinbarer Widerspruch ist es, wenn Gahmuret I 8, 24 zu Galoes sagt *wan kunde och ich nu minne
stelen,* und sich aus I 12, 11 ergibt, dass er bereits ein Liebesverhältniss mit Amphlise hat. Die erste Stelle soll nur die
Schmeichelei, welche er seinem älteren Bruder über seine Liebes-
erfolge sagt, erhöhen, indem er sie sich selbst abspricht.

Aber eine Reihe von wirklichen, — zum Theil schweren
Widersprüchen ist oben S. 40 ff. aufgeführt, wo sie ein vorge-
schriebenes Stadium der Sagenentwickelung gegenüber Crestien
erweisen sollten, über die Rache an Orilus, die zwei verschiedenen
Fragen, die Lanze, das Schwert, das Epitaph, Schoysiane, Liaze.
Dazu eine Reihe anderer leichterer und schwererer Natur.

I 14, 7. Die Anker auf Gahmurets Schild sind *lieht hermîn*,
I 18, 6 schwarz von Zobelfell auf Hermelingrund.
III 145, 11. 150, 6. Crestien's Rother Ritter, *li vermaus
chevalier de la foriest de Kinkerloi* (Berner IIs. *Guingeron*) 2142,
heisst bei Kiot Ither von Gaheviez, König von Kukumerland,
und ist Artus' Neffe. Wie bei Crestien 2082. 2139 erhebt er
Ansprüche auf Artus' Land, III 145, 13. 146, 21. Trotzdem
wird er vom ganzen Hofe Artus', im Besonderen von Ginover
sehr beklagt, III 159, 25 ff.; s. auch Trevrezents Strafrede an
Parzival, weil er seinen Verwandten Ither getödtet und beraubt
habe, die Perle aller Ritterschaft, IX 475, 19 ff. — Bei Crestien
ist nach dem Tode des rothen Ritters von ihm nicht mehr
die Rede.

III 151, 28. Kunneware wird mit einem Stock geschlagen,
nach VI 304, 18 ist es mit einer Ruthe geschehen.

III 127, 15 ff. Herzeloyde gibt ihrem Sohne keinen Gruss
an Artus auf, was doch später, III 147 30, vorausgesetzt wird;
s. oben S. 46.

Nach V 235, 23 ff. muss man annehmen, dass der Gral
bei jeder Mahlzeit erscheine, s. IX 469, 3: aber XVI 807, 16
den (den Gral) *truoc man zallem mâle der diete niht durch
schouwen für, niht wan ze hôchgezîte kür.*

V 250, 24 sagt Sigune: *swer die* (die Gralburg) *suochet
flizecliche, leider der envint ir niht. vil liute manz doch werben
siht. ez muoz unwizzende geschehen, swer iemer sol die burc gesehen*; s. oben S. 84. Aber wozu dienen dann die Templeisen,
welche die Gralsucher mit Waffengewalt ferne halten, IX
473, 22 ff. 500, 3 ff.? S. oben S. 84.

V 251, 28 erkennt Sigune Parzival an der Stimme, bei
seinem dritten Besuche IX 440, 24 erst, als er den Helm ab-
gebunden hat; s. Küpp, Zeitschrift für deutsche Philologie XVII
67 Anm. und oben S. 42.

In VII. VIII, den Abenteuern Gawans, erfährt der Leser,
was Parzival inzwischen gethan, VII 383, 23. 388, 8. 392, 28.
VIII 424, 18. 425, 23. Trotzdem setzt der Dichter IX 433, 14.
434, 4 voraus, dass der Leser von Parzival seit seinem Abschied
von Artus in VI nichts wisse. S. oben S. 37. 39.

IX 469, 18. Der Gral verleiht gute Gesichtsfarbe und
verhindert das Sterben; s. auch IX 501, 30. 480, 27. Da sollte

man doch meinen, dass er auch heile und Schmerzen stille, aber
die Heilung versucht man mit Kräutern, Wassern, Steinen,
IX 481, 5ff., XVI 791, 1ff., und den Schmerz lindert die
Lanze, IX 489, 30ff.; s. oben S. 42.

X 503, 1ff. Dass dieser und der nächste Abschnitt sich
in Bezug auf Gawans Schicksale seit seiner Versöhnung mit
Kingrimursel widersprechen, ist schon oben S. 9 gezeigt worden.
Nach XII 605, 6 hat Itonje Gramoflanz einen Sperber
gesandt; ein Pfauenhut und ein Pelzmantel werden dabei als seine
Kleidung erwähnt; XIV 722, 19 sagt er, sie habe ihm Sperber
und Hut geschickt, nichts vom Pelzmantel.

XV 779, 25 wird bei Artus zu Mittag gegessen, dann
kommt Kundrie mit der freudigen Botschaft an Parzival, 784, 23
nu wasez ouch zît daz man dâ gaz. Vgl. V 272, 7ff. Orilus und
Jeschutens Beischlaf vor und nach dem Bade?

XV 777, 22. Kundrie fällt Parzival zu Fuss, bittet ihn um
Verzeihung, erhält sie durch Vermittlung der Uebrigen und
steht wieder auf: 780, 7 entschleiert sie sich und wird nun
erst erkannt.

Manches von diesen Inconcinnitäten, aber gewiss nicht
alles, mag Wolfram zur Last fallen.

So wie der Dichter IX 433, 14. 434, 4 zurückgreift, und
zwar in übermässiger Weise, s. oben S. 102, so greift er V 272, 28
vor und VI 280, 1 wieder zurück, insofern Orilus in V von Artus'
Ankunft bereits erfährt, dieser aber erst in VI von Karidoel
aufbricht; s. Bartsch zu V 272, 28.

Zu den Parallelen, welche schon die Quelle hatte, s. oben
S. 75, kommen neue. Der Vorgeschichte I. II entspricht auch
ein Nachwort über Parzivals und Feirefiz' Söhne, Lohengrin
und den Priester Johann. — Gahmuret I 9, 23 und Parzival
III 118, 17. 28 haben denselben Drang nach Thaten und Abenteuern, und auch Feirefiz verleugnet seine Abstammung nicht. —
Belakane und Sigune haben ihren Geliebten Isenhart und Schionatulander durch eine unbedachte Forderung den Tod gebracht,
und auch Annore, die Geliebte Galoes', scheint dasselbe gethan zu haben, II 91, 16. — Die Befreiung Belakanens durch
Gahmuret in I vergleicht sich der Kondwiramurs' durch Parzival

in IV. — Hiuteger, I 25, 9, spielt eine ähnliche Rolle wie Kingrun und Kihgrimursel in IV. VII und wird von Gahmuret
besiegt, I 38, 6, wie Kingrun von Perceval; s. oben S. 75. —
Der Besuch, welchen Belakane Gahmuret macht, I 33, 5, ist
ähnlich dem Herzeloydens bei Gahmuret, II 83, 25, und auch
der ersten Begegnung zwischen Parzival und Kondwiramurs,
IV 186, 21. — Nach Parzival II und Titurel hat Gahmuret
Schionatulander, Herzeloyde, seine spätere Frau, Sigunen erzogen, s. oben S. 22. 29. — II 69, 4. Herzeloyde missbilligt es,
dass Gahmuret angesichts des Turniers unthätig bleibt; ebenso
Obie in Bezug auf Gawan, VII 352, 15. — Bei dem Beilager
Gahmurets und Herzeloydens werden die Gefangenen Hardiz
und Kailet, II 100, 19, bei dem Gawans mit Orgelusen Lischoys
Gwelljus und der Turkoite Florant freigegeben, XIII 630, 2. —
Herzeloydens und Parzivals bedeutungsvoller Traum, III. V. —
Sigunens kindliche Liebe hat ihr Seitenstück in Obilots Neigung
zu Gawan, VII. — Sigune sucht Parzival abzuleiten von der
Spur Orilus', III 141, 30, Trevrezent von dem Streben nach dem
Grale, XVI 798, 6, — *sie wiste in unrehte nâch — ich loue
durch abeleitens list.* - Parzival kommt dreimal zu Sigunen,
III. V. IX, s. oben S. 81. — Parzival versöhnt Orilus und Jeschute, V, Gawan Meljanz und Obie, VII. — Gawan und Parzival
reiten Gralpferde, VII 339, 26. IX 473, 22. XIV 679, 23. —
Der auf seine Ritterschaft so stolze Gawan, XII 612, 1 ff., wird
von Obie für einen Kaufmann, VII 352, 16. 362, 24, von Orgelusen für einen Arzt, Knappen oder Kaufmann erklärt, X 516, 29.
523, 6. 531, 12. — Parzivals beide Schwerter springen, IX
434, 25. XV 744, 10. — Der Herr der Gralburg und des
Wunderschlosses ist in den Geschlechtstheilen verwundet, IX
479, 12. XIII 657. 8. — So wie der Zugang zur Gralburg durch
die Templer verwehrt wird, so haben die, welche das Wunderschloss suchen, Kämpfe mit Lischoys Gwelljus und dem Turkoiten Florant zu bestehen, VII 340, 1. IX 443, 6 ff., 473, 22, —
VI 334, 14. X. XII. — Parzival wird Gralkönig, gewinnt dadurch die Gralburg und wird mit seiner Frau Kondwiramurs
vereinigt, Gawan wird Herr des Wunderschlosses und heiratet
Orgelusen. — Parzival bleibt Kondwiramurs treu gegenüber
den Reizen Repansens de schoie, der Graljungfrau, und Orgelusens, welche mit dem Wunderschloss in Beziehung steht,

V 246, 19. XII 618, 21. — Lohengrin und der Priester Johannes, die Söhne Parzivals und Feirefiz', XVI. — Zwei orientalische Fürstinnen, Ecuba und Secundille, sind neugierig Artus, Anfortas kennen zu lernen, VI 329, 1. 336, 1. X 519, 9. — Ausser Parzival, s. oben S. 75, machen auch Läuterungen durch: Anfortas, XVI 819, 16, Sigune IX 441, 18, Orgeluse XII 611, 20 ff., auch Feirefiz.
Derselbe Name dient öfters um verschiedene Personen zu bezeichnen, s. oben S. 13, wie in den Prosaromanen, z. B. im Tristan und der Demanda.

Die Neubildungen Kiot's sind unter sich und mit den Angaben der Quelle dadurch enge verknüpft, dass die einzelnen Personen oder Dinge öfters in verschiedenen Theilen des Gedichtes wiederkehren. Auch was schon der Quelle angehört, erscheint bei Wolfram zu wiederholten Malen gegenüber einmaligem Auftreten bei Crestien. — I 6, 2, Galoes, Gahmurets Bruder, s. II. III. — I 9, 13, Ranculat, s. IX. — I 12, 5, Amphlise von Frankreich, s. II. VI 325, 27. — I 14, 4, Pompejus und Ipomidon, s. II. — Der ferne Orient mit den Ländern Azagouc und Zazamanc in I kehrt wieder V 234, 5 durch Azagouc als Ort, woher ein Seidenstoff kommt, in VI durch die Person der Heidin Ecuba von Janfuse, in XV. XVI durch Ekuba, Feirefiz und Secundille. — Feirefiz selbst, der I 57, 15 zur Welt kommt, wird VI 317, 4. 328, 29 von Ekuba erwähnt. — Ein grosser Theil der ritterlichen Gesellschaft, welche in I 25, 14 ff. vor Patelamunt in Zazamanc versammelt ist, erscheint in II in Spanien und in Frankreich vor Kanvoleiz, II 64, 13. 65, 12 ff. — Isenharts von Azagouc Zelt I 27, 16 kehrt wieder II 61, 9. 62, 18. 64, 15 und wird mit einem anderen verglichen XIII 668, 17. — Beakurs, Gawans Bruder, tritt schon I 39, 25 auf, dann VI 323, 1. — Dass Gahmuret über Sevilla heimkehrt, I 54, 2, wird auch IX 497, 22 vorausgesetzt. — Die Genealogie des britischen und Anjou'schen Hauses, Mazadan u. s. w., begegnet zuerst I 56, 1, in dem Briefe, den Gahmuret Belakanen hinterlässt, dann ausführlicher IX 455, 13, angespielt darauf wird auch VIII 400, 7. XII 585, 13. — II 59, 3, Gahmurets Meisterknappe, s. II 105, 1. — II 59, 24 ff., das Turnier von Kanvoleiz; es wird auch VI 325, 20 erwähnt. — II 66, 2 Klin-

schor, s. X. XI—XIII. — II 869, Lot, Gawans Vater (schon I
39, 25), s. XII 585, 10. 608, 12, XIV. — II 66, 15, Gawan,
s. VI bis VIII. X bis XIV. — II 67, 13, Vergulaht von Ascalon,
s. VI. VIII. — II 67, 15, Cidegast von Logrois, s. XII. —
II 67, 17, Brandelidelin, s. XIV. — II 68, 22, Gurnemanz de
Graharz, s. III. — II 72, 10, das Land Priculascors, s. IX. X.
— II 74, 1. 89, 13, Lambekin von Brabant, s. V. — II 91, 16,
Annore, Galoes' Geliebte, s. VII. — II 112, 19, Ankündigung
von Parzivals unritterlicher Erziehung in III. — III 125, 11,
Meljacanz, der Frauenräuber, s. VII 343, 26. 381, 14. — III
129, 27, Orilus, s. V. VII. X. — III 136, 15, Kunneware,
s. III 151, 15. IV. V. VI. XIII. — III 146, 15, Ither von
Gaheviez, s. IX. XI. XII. — III 175, 25 Liaze, Gurnemanz'
Tochter, s. IV 188, 2. VIII 429, 23. - - III 178, 3, Klamide
und sein Seneschal Kingrun, s. IV. -- III 178, 11, Lascoyt,
Gurnemanz' Sohn, s. IX. — III 178, 15, Gurzgri, Gurnemanz'
Sohn, s. VIII 429, 20. --- V 228, 14, Repanso de schoie, Fri-
mutels Tochter, s. IX. XVI. — V 231, 25, die Gräfin Clari-
schanze von Tenabroc, s. XV. — V 251, 15, Trevrezent, der
Sohn Frimutels, VII. IX. XVI. — V 253, 29, der Schmied
Trebuchet, s. XIII. - V 255, 9, Garschiloie von Grönland,
s. XVI. --- V 261, 20, Bealzenan, die Hauptstadt von Anjou,
s. XV. — V 271, 12, Taurian, der Bruder des wilden Dodines,
s. IX. — V 277, 4, Jofreit fiz Idoel, s. XIII. XV. — VI 312, 26,
Kundrie, die Gralbotin und Schwester Malkreatiures, s. IX. X.
XV. --- VI 314, 16, Ekuba, die Heidin von Janfuse, s. XV. —
VI 324, 21, Kingrimursel, der Vertreter Vergulahts von Ascalon,
s. VIII. X. — VI 334, 4, Ankündigung des Wunderschlosses
durch Kundrie, s. oben S. 32 f., s. X—XIV. VI 334, 14,
der Turkoite Florant, s. XII. XIII. -- VI 334, 19, Artus'
Mutter, Schwester und Nichten auf dem Wunderschlosse, s.
schon II 66, 2, und X--XIV. — VII 339, 29, Gringuljet, Gawans
Pferd, s. VIII. IX. X. -- VII 344. 15, Melianz do Liz oder
de Barbigoel, s. XIII. — VII 354, 10, Schirniel, König von
Lirivoyn, s. XIII. XV. -- VII 354, 18, Marangliez, Herzog
von Brevigariez, s. XV. -- VII 383, 4, Ilinot, Artus' Sohn,
s. XI. XII. VII 383, 23 tritt Parzival wieder auf, aber nur
als der rothe Ritter bezeichnet, und nimmt an Melianz' Seite
Theil an dem Kampf vor Bearosche, 388, 8. 392, 28, ebenso er-

zählt Vergulaht VIII 424, 18. 425, 23 von Parzival, für den er den Gral erwerben müsse, — und ebenso erzählt im dritten Abenteuer Gawans XI 559, 18 der Fährmann, dass er Ither von Gaheviez, für den er Parzival hält, übergesetzt habe, und Orgeluse XII 618, 21, dass Parzival ihre Liebe verschmäht habe, — bis er selbst Gawan gegenübertritt, XIV. — Die Liebe Parzivals zu seiner Gattin wird den Absichten Kiot's entsprechend der Schnsucht nach dem Gral als etwas Gleichwerthiges an die Seite und dem Leser wiederholt vor Augen gestellt, VI 333, 23 ff., VII 388, 29 ff., VIII 425, 5 ff., IX 441, 5 ff., 467, 26 ff., XIV 732, 18 ff., XV 743, 12, wo zu Gral und Kondwiramurs noch die Kinder treten. Liebe zu Kondwiramurs allein kommt zum Ausdruck V 246, 19. IX 474, 18. XII 618, 21. 619, 2. 696, 10, — Schnsucht nach dem Gral allein VI 329, 26. VII 392, 27. VIII 424, 22. XI 559, 18. — VII 389, 26, Gawans, später Parzivals Pferd Ingliart, s. VIII. — VIII 400, 5, Vergulaht, König von Ascalon, s. X. XVI. — VIII 424, 7, Kingrisin, Gahmurets Schwager, Vergulahts Vater, s. IX. X. -- IX 443, 6, der von Parzival besiegte Gralritter, s. IX 500, 5. — X 550, 2, Bene, die Tochter des Fährmannes Plippalinot, s. XI. XIII. -- XIV 687, 5, Killikrates, König von Centriun, s. XV. — XV 771, 17 Olimpia und Clauditte, die Feirefiz lieben, s. XVI.

In dieser überhaupt unvollständigen Aufzählung sind die geographischen Namen nur zum Theil, die Angaben, welche sich auf den Titurel, das ist die von Wolfram aus Kiot ausgehobene Schionatulandergeschichte beziehen, gar nicht berücksichtigt, andererseits aber auch jene Fälle angeführt, wo etwas das zum Bestande von III XIII, also dem mit Crestien übereinstimmenden Theile gehört, in den letzten Büchern Wolfram-Kiot's XIII XVI wiederkehrt, wo wir also nicht wissen können, ob dies nicht in Crestien's Quelle auch der Fall war.

Kondwiramurs selbst bleibt allerdings von V—XV im Hintergrunde; das liess sich schwer ändern.

Eine Steigerung zeigt sich in dem Auftreten Parzivals während der Gawanabenteuer VII. VIII. XI. XII, wo er nur als rother Ritter erscheint, oder blos von Vergulaht, Plippalinot, Orgelusen erwähnt wird, bis er XIV mit seinem Namen in den Vordergrund der Scene tritt.

Ob der Reiz den die pathetischen Anspielungen auf unbekannte oder nicht näher bekannte Begebenheiten, s. Isenhart und Belakane, Galoes und Annore, Ither und Lammire u. s. w., ausüben, ein vom Dichter beabsichtigter war, lässt sich nicht sagen.

Schon oben S. 76 wurde bemerkt, dass der Scenenwechsel in der poetischen Ausführung bei Kiot reicher entwickelt ist als bei Crestien. Wir sehen das auch aus den Partien, welche bei Crestien keine Entsprechung haben. II 59, 24, Lager vor Kanvoleis, Gahmuret kommt, — der königliche Palast, Herzeloyde, — II 62, 28, Lager vor Kanvoleis, Gahmuret, — II 64, 11, der königliche Palast, Herzeloyde, — II 64, 13, Lager vor Kanvoleis, Kailet, Gahmuret, — II 69, 29, Lager vor Kanvoleis, Gahmuret, — II 81, 20, der königliche Palast, Herzeloyde, — II 82, 5, Lager vor Kanvoleis, Gahmuret, — oder XIV 679, 1, vor der Wunderburg, Kampf Gawans mit Parzival, — XIV 681, 2, auf Joflanze, Gramoflanz, — XIV 688, 5, vor der Wunderburg, Kampf Gawans mit Parzival, — XIV 690, 11, auf Joflanze, Gramoflanz, — XIV 691, 7, vor der Wunderburg, Gramoflanz zu Gawan und Parzival. Besonders die Unterbrechung des Kampfes ist auffallend; s. oben S. 100. Uebrigens ist der Fall als Beispiel für Kiot zweifelhaft, da Crestien fehlt.

Was den Stil als Redeform anbelangt, so hat Scherer einmal bemerkt, dass die Vorlage Wolframs die kurze Wechselrede, — welche Crestien öfters zeigt, 2416. 4727. 5858. 9488. 9645. 9927, — wohl nicht gehabt haben werde, da Wolfram sie nur in der ihm allein angehörenden Einleitung zu IX 433, 1 *Tuot ûf! ,wem? wer sit ir"* u. s. w. brauche.

VII. Crestien.

Inwiefern Crestien die Quelle durch Zusätze, Weglassungen und Missverständnisse verändert hat, ist schon oben S. 33. 34. 38. 39. 46. 49. 51 besprochen worden. Er hat Perceval Geschwister gegeben zu Gunsten der Auffassung, wie sie im Didot'schen Perceval, in der Quête, im Prosa-Lancelot herrscht,

— er hat die Hilflosigkeit an Artus' Hof gegenüber dem rothen Ritter durch die Abwesenheit vieler Helden in Folge eines ⌐ Krieges mit Rion motiviert, dem König, der die Bärte der anderen verlangt, s. G. Paris Merlin XLIII, meine Abhandlung über die ostgothische Heldensage 83, — er hat den *sos* von Keie ins Feuer stossen, s. Guillaume Fergus 41, 1, ‧ das Schwert von der Nichte dem Gralkönig schicken lassen, was zum Rachemotiv gehört, — kirchliche Ermahnungen der Mutter und Trevrezents, sowie das geheimnissvolle Gebet des letzteren eingefügt, s. Robert's Joseph, meine Gralr. 86 f., Didot's Perceval 483, — den Namen der Frau Percevals geändert, — die Heirat Percevals verschoben, — den Ahnherrn des Gralhauses auf der Gralburg durch die Hostie ernähren lassen, — diesen selbst zum Oheim Percevals, den Fischerkönig zu dessen Vetter gemacht, — und die Vorstellung beigebracht, dass nur ein tapferer und zugleich tugendhafter Ritter in die Wunderburg gelangen könne, eine Bedingung, die sonst dem Gralhelden gestellt wird, bei Kiot und Crestien selbst, im Rochat'schen Perceval 88, im Didot-schen Perceval 451, und ihre reichste Erfüllung in dem Galand der Quête findet; s. auch oben S. 63 über den Mont dolerous. — Fortgelassen hat er das Motiv der Stummheit bei jenen Personen, die Perceval bei seinem ersten Besuch an Artus' Hof bewillkommnen, die Auffassung Gurnemanz' als eines Oheims des Helden, den Jammer beim Herumtragen der Lanze. — Durch Missverständnisse sind Aenderungen entstanden in Bezug auf Percevals Namen, der ihn erräth, Obilot mit den kleinen Aermeln, den Wechsler vor der Wunderburg, die Glasfenster statt Kiot's Säule.

Wenn die Abgebrochenheit des Eingangs auf Rechnung Crestien's kommt, so ist sie nicht viel anders als im Löwenritter.

Das Werk Crestien's hiess nach Raoul's Meraugis S. 3 wahrscheinlich *li Gréaus*. Denn Crestien sagt, der König von Ascalon sei schön wie Absalon, 6170. 7094, und dasselbe sagt Raoul mit der Berufung *Si come tesmoigne li Gréaus*.

Anziehung der schriftlichen Quelle, — welche auch die Kiot's war, — kommt vor in der Einleitung Potvin II, S. 307, V. 67, dann 3899. 5994. — V. 7587, *de monsignor Gauwain ne tais Ici le contes à estal*, ist zweifelhaft, s. oben S. 65.

VIII. Anhang.

1. Peredur.

Was Peredur anbelangt, so ist es unglaublich, dass er, wie Hagen, Germania XXXVII 121 ff., meint, eine getreue Bearbeitung der Crestien und Kiot gemeinschaftlichen Quelle sei. Im Peredur z. B. kommt eine Rache Peredurs an dem Mörder Schionatulanders vor, c. 8, Loth S. 62, Hagen 143, die man bei Crestien wie Kiot vermisst, s. oben S. 41. 73 f. Wie hätten Crestien und Kiot das weggelassen? Während man sehr leicht verstehen kann, dass Jemand, dem es überhaupt nicht auf durchweg getreue Wiedergabe des Originals ankam, diesen Zug einsetzte, oder ihn aus einer verwandten Darstellung, wie der in Didot's Perceval S. 431 ff., entnahm. Ebenso hätten die Fortsetzer Crestien's nicht jenen Zusammenhang in den Abenteuern Percevals durch die in ihrer Absicht allerdings recht dunkeln Veranstaltungen und Verkleidungen seines Vetters zerstört, Hagen 136,[1] wenn sie ihn in der Quelle wie im Peredur c. 30, Loth S. 109 gefunden hätten, und, wenn sie wie wahrscheinlich nicht unmittelbar nach der Quelle Crestien's arbeiteten, wie wäre dieser Zusammenhang überhaupt verloren gegangen, wenn er einmal vorhanden war? Auch hätte Kiot nicht die Quellen in einer mit Crestien an so vielen Punkten übereinstimmenden Weise verlassen können, so dass z. B. beide Dichter das Hexenmotiv gleichmässig ausmerzten, Hagen 128 ff.

Aber es scheint überhaupt unmöglich, dass der Peredur sich treu an irgend eine ursprüngliche Erzählung angeschlossen habe. Dazu sind die Widersprüche und die Zusammenhanglosigkeit zu gross. C. 6, Loth S. 57 soll Perceval bei seinem Oheim Gurnemanz eine Zeitlang bleiben und sich zum Ritter heranbilden, S. 58 reist er am nächsten Morgen ab und erhält seine ritterliche Erziehung bei den Hexen. — Die Unterlassung der verhängnissvollen Frage hat gar keine Wirkung, c. 6. 7. 26, Loth

---

[1] Ein Ansatz zu einer solchen Zusammenfassung von Percevals späteren Abenteuern kommt übrigens bei Gautier vor, 23163. Die Tochter des Gralkönigs hat ihm den Bracken geraubt, um ihn für die unterlassene Frage zu bestrafen; Birch-Hirschfeld's Auszug S. 96 ist hier unverständlich.

S. 49. 60. 97. — Nach c. 3, Loth S. 51 ist der *seigneur de
la clairière* der Mann Jeschutens, nach c. 8, Loth S. 61 f. hat
le chevalier de la clairière Schionatulander getödtet, Peredur
besiegt diesen *chevalier de la clairière* und zwingt ihn Sigune
zu heiraten. C. 11, Loth S. 68 begegnet Perceval Jeschuten,
la femme du maître de la clairière, er besiegt ihren Mann
— also denselben, der c. 8, Loth S. 62 Sigunen heiraten
musste, und zwingt ihn, die Unschuld seiner Frau anzuer-
kennen. Man kann also nicht mit Hagen, Germania XXXVII
141 ff., sagen, dass im Peredur der Mörder Schionatulanders
noch von dem Manne Jeschutens getrennt war, was im Didot-
schen Perceval insofern der Fall ist, als Jeschute daselbst gar
nicht vorkommt.

Ich glaube es bleibt nichts übrig als anzunehmen, der
wälsche Erzähler habe die Quelle von Crestien und Kiot gekannt, sie hie und da wörtlich übersetzt, s. c. 14, Loth S. 72
und Crestien 5728 ff., z. Th. aber ganz frei behandelt, weil er
ihre Berichte mit anderen verband, so in Bezug auf die Erziehung Percevals bei den Hexen, s. meine Gralr. 23 Anm. 191,
und die Rache an Orilus, oder weil er sie nicht verstand, so
die verhängnissvolle Frage.

Dazu hat der Wälsche eine Reihe von Capiteln, c. 12, Loth
S. 69, c. 15—25, Loth S. 75—96, und c. 29. 30, Loth S. 102—110,
aus ganz anderen Quellen. Im c. 29 begegnen Elemente, die
sich bei Gautier wiederfinden, die Geschichte vom wunderbaren
Schachspiel, dem Hirsch und dem Bracken, Loth S. 102 ff.,
c. 28 eines, in dem Peredur die Rolle Gawans bei Antikonien
spielt, Loth S. 102, unmittelbar nach c. 27, Loth S. 98, wo
dieses Abenteuer mit Gawan als Helden, ähnlich wie bei Crestien
7193 ff. und Kiot VIII erzählt worden war. S. das Abenteuer
Gawans mit Obilot, das im Didot'schen Roman Perceval zugeschrieben wird, oben S. 55, und vgl. das ähnliche Verhältniss
in Bezug auf den bunten Sohn Feirefiz, den erst Perceval, dann
Agloval, dann Gahmuret mit einer Mohrin erzeugt haben soll;
s. oben S. 89. — Auch das scheint mir unglaublich, dass je in
einer selbständigen Aufzeichnung zwei derartige Parallelen,
Gawan und Antikonie, c. 27, und Peredur und Antikonie, c. 28,
hinter einander gesetzt worden wären.

2. Sir Perceval.

Ebenso wie das wälsche Märchen hat auch das Gedicht
vom Sir Perceval wahrscheinlich nur einen Theil der Crestien
und Kiot gemeinsamen Quelle benutzt, nämlich nur bis zur Besiegung Orilus' durch Perceval. S. oben S. 32.

Möglich wäre es, dass dem Verfasser der wälsche Bericht
selbst oder ein verwandter bekannt war. Die Ritter, welche
der junge Perceval sieht, sind nach Sir Perceval 261 *Ewayne
fytz Assoure* — *Gawayne*, s. 573, — *Kay*, nach Peredur c. 2,
Loth S. 47 *Gwalchmai fils de Gwiar*, *Gweir Gwystyl et Owein
fils d'Uryen.* Die Namen Gawan und Iwein stellten sich allerdings leicht ein, wenn man unbenannte Artushelden bezeichnen
wollte. — Sir Perceval 567 wird eine Prophezeiung erwähnt,
nach welcher Perceval seinen Vater an dem rothen Ritter, den
Sohn einer Hexe, rächen solle. Ebenso ist es nach Peredur
c. 12, Loth S. 70, c. 30, Loth S. 109 vorherbestimmt, dass
Peredur den Vetter und Oheim an den Hexen rächen werde.
Dass diese Prophezeiung nicht bei Crestien vorkommt oder angedeutet wird, habe ich in meinen Gralr. 16 ff. ausgeführt.

3. Didot's Perceval.

Schon oben S. 41. 53 und sonst ist hervorgehoben worden,
dass der Didot'sche Perceval in seiner Sagenform oft einen alter-
thümlicheren Charakter zeigt als Crestien oder Kiot, oder deren
gemeinsame Quelle. Es fehlt die unritterliche Jugend des Gralhelden, s. oben S. 53 und meine Gralr. 22, das Rache- oder Probeschwert, s. oben S. 34. 43, das Abenteuer mit Jeschuten, s. oben
S. 111, Perceval ist nicht mit Sigunen verwandt, diese ist nicht
die Jungfrau, welche Perceval wegen der unterlassenen Frage
schilt, s. oben S. 41, der Mörder ihres Geliebten nicht der eifer-
süchtige Mann Jeschutens, da dieses Motiv gar nicht vorkommt,
die Bewusstlosigkeit Percevals 451 ist nicht durch das Blut im
Schnee veranlasst, s. oben S. 62, das Abenteuer mit Obilot hat
Perceval nicht Gawan, und Obilot ist kein kleines Mädchen;
s. oben S. 55. 111. Trotzdem kann er nicht, wie Birch-Hirschfeld
meint S. 202, die Quelle Crestien's gewesen sein, da diese einmal sich als etwas ganz Anderes, als ein Werk, das Crestien wie

Kiot nahe stand, herausgestellt hat, und zweitens weil in ihm Crestien's Gralroman citirt wird. Denn wie schon Suchier, Zeitschrift für romanische Philologie XVI 273, vermuthet hat, ist *cressoient*, Hucher, Le Saint Graal I 472, ein Fehler für *Crestiens*. Die neugefundene Handschrift von Modena lässt darüber keinen Zweifel. Die betreffende Stelle daselbst lautet nach einer freundlichen Mittheilung Camus'[1]: *Mais de ceu ne parole pas Crestiens de Troies, ne li autre troveor qui en ont trové por faire lor rimes plaisans*. Der Verfasser des kleinen Prosaromanes kann demnach sogar Crestien und Gautier benutzt haben, s. meine Gralr. 120, — er hat es aber jedenfalls nur in geringem Masse gethan und sich aus irgend einem Grunde vielfach an die ältesten Traditionen gehalten.

---

[1] S. Camus, 1 Codici francesi della regia biblioteca Estense, Modena 1890. Die Notices et Extraits dosselben Gelehrten in der Revue des Langues Romanes 1890, April- und Maiheft, sind mir bis jetzt leider nicht zugänglich gewesen.

Inhalt.

Ausgegeben am 23. December 1893.